THÉORIE

DE

L'ARCHITECTURE

GRECQUE ET ROMAINE,

Déduite de l'Analise

DES

MONUMENS ANTIQUES.

OUVRAGE

dans lequel on démontre :

Que leurs proportions et la beauté *essentielle* qui en résulte , ne sont point *arbitraires ;* mais, dérivent d'un *principe* immuable , dont l'application n'a pas été faite à l'ARCHITECTURE *moderne.*

Par Louis LEBRUN de Douay ,

Architecte , ancien élève de l'école de Peinture; de celle Polytechnique ;
et dessinateur de l'expédition du capitaine Baudin.

AVEC

Des planches et un discours préliminaire ,

Par Fr. Et. JOUBERT , *Graveur, membre de l'*ATHÉNÉE *des arts.*

> On ne doit pardonner qu'à ceux qui ignorent combien l'ARCHITECTURE demande de recherches profondes , de regarder les ordres de *Vignole* et autres architectes comme parfaits........ DAVID LE ROY, *Ruines de la Grèce.*

PARIS,

CHEZ JOUBERT, graveur, rue de Grenelle, F. S. Germain , n.° 47 , près la Fontaine.

1807.

DISCOURS PRÉLIMINAIRE,

Par F. E. Joubert, *graveur, membre de* l'Athénée *des Arts et Éditeur de cet ouvrage.*

La disparité des opinions émises, de tout tems, sur l'Architecture, a de quoi frapper les esprits raisonnables. Les incertitudes, les contradictions, les espaces imaginaires, il faut bien le dire, au milieu desquels on a vu flotter, jusqu'à ce jour, ceux qui ont écrit ou parlé sur cette matière, autorisent à penser qu'il manquoit, à tous, un *principe* fondamental et fixe, auquel chaque système seroit venu, tout naturellement, se rattacher, si cet élément constitutif eût été reconnu.

Etudions les livres, écoutons les professeurs : ils s'accordent à dire que la *beauté essentielle*, en Architecture, tient au juste *rapport* des parties de l'édifice. C'est une vérité, sans doute ; elle est même devenue triviale à force d'être répétée ; mais ce n'en est pas moins une phrase vide de sens et un précepte insignifiant, tant qu'on ne pourra pas déterminer ce *rapport*, autrement que par l'*observation* aveugle et routinière, ou par l'*autorité* des anciens maîtres ; et si l'on ne peut, enfin, tout comparer, comme dans les *arts d'imitation*, à un *type radical* qui soit un régulateur irréfragable.

L'insuffisance des deux premiers moyens est démontrée : l'*observation* ne suffit pas pour guider le *génie ;* elle ne conduira, jamais, qu'à une *imitation* machinale.

L'autorité des anciens maîtres, dont on nous présente les préceptes, comme également respectables et certains, doit être nulle aux yeux de la raison ; lorsqu'on les voit varier entr'eux et tomber dans l'*arbitraire*, en établissant des proportions tout-à-fait différentes pour les mêmes parties ; proportions, néanmoins, qu'ils prétendent devoir, également, constituer la *beauté*.

Si *Vitruve*, *Palladio*, *Vignole*, *Scamozi*, *Serlio*, *D'aviler* et tant d'autres, n'ont pas su découvrir et, ensuite, indiquer dans leurs ouvrages, le *principe* fondamental qui a dirigé la construction des monumens *antiques ;* l'avantage de les avoir vu quelques siècles avant nous et, par conséquent, en meilleur état, loin d'être, pour eux, un titre à notre gratitude, à notre adulation, en seroit un à nos reproches ; surtout, s'il est bien vrai que, dans nos travaux, nous devions avoir en vue la postérité.

D'ailleurs, la variation des *cottes* fournies sur les mêmes *monumens*, par divers voyageurs qui, chacun, nous annoncent les avoir visités, tient l'esprit en suspens et nous fait douter, à-la-fois, et de leur exactitude et de leur véracité.

Ensuite, la plupart de ces *monumens* sont en ruines ; et les parties détruites n'ont été restaurées, dans les *images* qu'on nous en offre, que d'après le *goût* ou la manière de voir des observateurs ; et quand ils auroient le droit d'affirmer que ces *monumens* existoient tels qu'ils les représentent aujourd'hui, le *principe* inconnu qu'on sent bien avoir dirigé leur construction, n'en seroit pas plus développé.

1

Il reste donc toujours à le connoître, ce *principe* élémentaire et caché, que le sentiment et la raison nous disent exister, et qui a déterminé les *proportions* de tout monument *antique*, universellement reconnu pour *beau*.

La solution de ce problème intéressant seroit-elle encore réservée au siècle où nous vivons, si fertile en événemens et en découvertes extraordinaires ?

On seroit tenté de le croire en lisant l'ouvrage de M. LEBRUN. La première impression qu'il fait éprouver est la surprise ; car, il contrarie absolument les idées reçues jusqu'à ce jour ; il établit que les *proportions* de chaque partie d'un édifice sont rigoureusement co-ordonnées, lorsqu'on a cru qu'elles dépendoient, uniquement, de l'*imagination* ou du *goût* de l'architecte ; il démontre que ce qui constitue *essentiellement* la *beauté* en ARCHITECTURE et en fait naître le sentiment dans notre ame, n'est que le résultat de l'étroite observation des lois immuables de la nature ; il prouve, enfin, que tous ceux qui ont fait, en ce genre, des choses plus extraordinaires que les autres, n'ont pas eu, seulement, plus de ce qu'on appelle GÉNIE dans les *Beaux-arts* ; mais qu'ils ont été plus *savans* et qu'ils ont fait une application plus éclairée, plus étendue, des vérités et des démonstrations *mathématiques*.

Si les deux *types radicaux* sur lesquels se fonde M. LEBRUN, ont véritablement ce caractère ; si ce qu'on appelle un ORDRE, n'est, effectivement, autre chose que la *combinaison* d'un *support* avec le *fardeau* qui le presse ; si cette combinaison doit, toujours, être respectée par le *génie*, au milieu de ses *conceptions* les plus brillantes, et dans toutes les modifications qu'il peut introduire ; enfin, si la *beauté*, si la *bonté* sont, nécessairement et réciproquement, génératrices l'une de l'autre, alors que le *principe* fondamental est observé ; M. LEBRUN, en le développant, auroit contribué d'une manière bien efficace, au progrès de notre ARCHITECTURE et, surtout, il auroit fait faire un grand pas à son enseignement.

Afin de suivre l'auteur avec plus d'avantage, encore, dans la nouvelle carrière qu'il vient d'ouvrir et pour combattre la *routine*, intéressée à contrarier sa marche ; il est important de rappeler quelques idées *élémentaires*, dénaturées par le tems, l'habitude ou d'autres circonstances. Il faut, d'abord, se souvenir : *que la cause la plus générale de nos erreurs, de nos mauvais raisonnemens, est dans l'abus continuel que nous faisons des mots* (1) ; que les mêmes expressions éveillent des idées différentes, suivant les divers préjugés attachés aux professions ou au genre d'études ; et, qu'alors, on ne s'entend plus, quoiqu'en parlant la même langue. Il faut, ensuite, remarquer que cet abus existe, particulièrement, à l'égard du mot ARCHITECTURE.

On pourroit, à ce sujet, faire une réflexion singulière, peut-être, mais juste, je le crois : C'est que la confusion du langage, dans l'ARCHITECTURE, remonte au premier âge du monde. Qu'on ne s'entendit pas en construisant la *Tour de Babel* (2), on peut le concevoir, on n'en étoit alors qu'à la naissance de l'*art* ; mais on doit s'étonner qu'après quarante siècles et plus, l'ARCHITECTURE, aidée

_____

(1) Disc. prélim. du Dictionn. de l'Académie.
(2) On sentira bien, sans doute, que je fais abstraction, ici, de la cause supérieure à laquelle on attribue cet événement.

de sa propre expérience, ne se soit pas occupée de fixer, si non son propre *domaine*, au moins le *sens* de sa dénomination.

En effet, il est facile d'établir que ceux qui écrivent ou professent sur cette matière, ne sont pas d'accord sur les idées qu'ils en ont et qu'ils prétendent en donner. Après avoir écouté les uns et feuilleté les autres, on se demande encore : qu'est-ce que l'ARCHITECTURE ? et l'on est tout étonné de ne pouvoir répondre, nettement, à cette question qui paroît si simple (1).

Si l'on considère la méthode d'enseignement la plus usitée ; l'ARCHITECTURE paroît n'être autre chose que l'*art de tracer* et de *laver* des projets de bâtimens ; car, on occupe l'élève à cette étude, avant de lui donner aucune notion relative à la *qualité* et à la *combinaison* des matériaux ; étude, néanmoins, qui seroit conforme à l'idée que le mot *construction* fait naître.

D'autres entendent par ARCHITECTURE, et c'est, peut-être, le plus grand nombre, *l'art de décorer un édifice; art* bien distinct et, tout-à-fait, indépendant de celui de le construire ou de la *faculté* d'en concevoir le *plan*. Dans leur opinion, ARCHITECTURE et *décoration* présenteroient le même sens.

Cette opinion semble justifiée par le sentiment qu'on manifeste, en quelque sorte involontairement, au seul *aspect* d'un édifice extérieurement décoré ; car l'habitude, aussitôt, nous fait dire : Voilà de la *mauvaise* ou de la *belle* ARCHITECTURE !

Un auteur vivant, connu par des productions estimables, par un goût éclairé, par des recherches assidues sur les monumens *antiques*, a dit : que l'*art de bâtir ne devroit, peut-être, prendre le nom d'architecture, qu'alors qu'il est, à - la - fois, considéré comme art du dessin et réuni à la peinture et à la sculpture.* De cette opinion vraiment extraordinaire, il résulteroit, ce me semble : 1.° que l'auteur a confondu la *théorie* et la *pratique*; 2.° que l'ARCHITECTURE ne seroit plus autre chose, qu'une *collection* de peinture et de sculpture ; et, alors, ces monumens *Grecs*, si simples et pourtant si beaux, ne seroient donc pas de l'ARCHITECTURE ; parce que ceux qui les érigèrent, auroient dédaigné de les parer d'une richesse empruntée des *beaux-arts* !

Le même auteur ajoute : que *c'est par inattention, par habitude et par vanité même, qu'on a décoré du nom d'*ARCHITECTURE*, l'art moins brillant, mais non moins utile et savant, du constructeur.*

Il a raison, sans doute : mais c'est aussi *par inattention, par habitude et par vanité même, que la décoration*, toute seule, a voulu s'emparer d'un titre qu'elle

(1) Il en est une autre également simple, à laquelle on n'a point encore fait de réponse qui pût satisfaire un esprit raisonnable, et c'est celle-ci : *Qu'est-ce qu'un* ORDRE ? Lorsqu'on ne peut pas l'éluder, on se contente de vous dire : que c'est la réunion d'un *piédestal*, d'une *colonne* et d'un *entablement*. Définition aussi claire, aussi lumineuse que celle qu'on prétendroit faire d'une *maison*, en disant que c'est la réunion et l'emploi combinés du *bois*, du *fer*, du *plâtre* et du *moëllon* ! Un *élève*, avec un peu de logique, seulement *naturelle*, et la confiance convenable en son *maître* doit, nécessairement, conclure de la *définition* ci-dessus, (à part, d'ailleurs, son insuffisance et son obscurité) qu'il n'existe plus d'*ordre*, alors qu'il n'y a pas de *piédestal*; et cependant, les *ordres antiques* n'ont pas de *piédestaux* ! et cependant, on lui propose pour modèle les *ordres antiques* ! Je le demande ! Quel jugement portera-t-il du *professeur* ou de la chose *enseignée*, lorsqu'il aperçoit une contradiction aussi sensible entre le précepte et l'exemple ?

ne doit pas plus prétendre à porter, que la *construction* elle-même ; et, dans son système, l'auteur que je cite, auroit dû faire cette remarque avant tout autre.

Il est certain, observe judicieusement un autre écrivain, dans un nouvel ou-vrage : *que la plupart des architectes négligent trop l'étude de la* distribution *et de la* construction *, pour se livrer exclusivement à la* décoration *; ils semblent avoir fait de cette dernière, qui n'est qu'un* accessoire, *un objet* principal. *L'origine de cet abus vient, peut-être, de ce qu'à l'époque du renouvellement de l'archi-tecture vers le milieu du* XIVe *siècle, les premiers architectes furent des peintres ou des dessinateurs qui n'eurent en vue que la* décoration.

En effet, ne considérer et n'estimer l'ARCHITECTURE, que relativement à la déli-catesse des *profils* et au choix des *ornemens* dont on affecte de l'enrichir ; c'est ne voir la qu'en *dessinateur ;* c'est le défaut où l'on est, principalement, tombé de nos jours ; c'est la soumettre à l'empire de la mode et des goûts particuliers. Leur influence, sans doute, n'est pas à dédaigner, quelquefois ; mais, ce qui doit im-porter bien autrement, c'est la *disposition* de l'édifice, son *ensemble*, le *rapport* des masses entre elles et avec les *raisons* de la SCIENCE qui commande à l'*archi-tecte :* et si l'on y prend bien garde, on reconnoîtra que les *détails* se sont multi-pliés davantage et que les *ornemens* ont été d'autant plus prodigués, à mesure que le *principe* qui a dirigé la bonne ARCHITECTURE, a été moins respecté et, enfin, tout-à-fait perdu de vue.

Dans un écrit mis au jour en l'an 10, on lit avec étonnement : que *c'est dans les péristiles qu'il faut chercher le type de la beauté en architecture.*

Un autre professeur a fait entendre une opinion également extraordinaire, il a dit : que sans *colonnes*, il ne pouvoit exister d'ARCHITECTURE.

De ces deux allégations, il résulteroit (pour me réduire à un seul exemple pris au hasard), que la *façade* du LOUVRE élevée du côté de l'*Oratoire*, laquelle n'a pas de *colonnes* ni de *péristile*, ne seroit pas de l'ARCHITECTURE et n'auroit aucun caractère de *beauté*, quoiqu'elle soit, néanmoins, réputée fort belle.

Voilà, pourtant, les fausses conséquences où conduisent l'esprit de système et l'absence d'un *principe* fondamental en ARCHITECTURE.

Il est une autre opinion d'autant plus précieuse à recueillir, qu'elle est émise par un *artiste* avantageusement connu comme *décorateur :* C'est que le mérite des édifices *modernes* de l'Italie, soit publics ou particuliers, résulte beaucoup plus *de l'heureuse distribution des plans et de l'aspect des masses, que d'une déco-ration recherchée et d'une vaine profusion d'ornemens.* A l'appui de cette remar-que, on peut ajouter : que plusieurs auteurs, en comparant les ouvrages *Romains* les plus riches en *moulures* et en *ornemens*, avec la noblesse et la simplicité des édifices construits par les *Grecs*, ont été jusqu'à dire : que l'ARCHITECRURE de ces derniers, étoit la seule qui méritât véritablement ce nom.

Un professeur recommandable a dit : la *décoration n'est point l'objet dont l'*ARCHITECTURE *doive s'occuper* (1). .... *Plaire n'a jamais pu étre le but de l'*AR-

---

(1) L'homme, en commençant à bâtir, ne put avoir que l'intention de se mettre à couvert de l'intempérie des saisons et de l'attaque des ani-maux. Ses précautions eussent été vaines, si le *bâtiment* n'avoit pas rempli ce double objet, et ne l'avoit garanti des deux dangers à-la-fois. *Utilité,*

CHITECTURE, *ni la décoration architectonique son objet : mais il est impossible qu'elle ne plaise pas, si elle est traitée selon ses vrais principes.*

D'après tout ce qu'on vient de lire, il est plus que prouvé, que le sens *absolu* du mot ARCHITECTURE est encore indéterminé. Examinons, à présent, si les *définitions* de ce même mot, qui nous ont été données, comme telles, fourniront quelques lumières, si non sur son véritable objet, au moins sur sa *nature*.

Vitruve dit, liv. I, ch. 1 : L'ARCHITECTURE est une *science qui comprend plusieurs préceptes et diverses connoissances, au moyen desquels on peut apprécier les ouvrages des autres* ARTS *qu'elle dirige*.

Cette *définition* peut bien être appelée singulière; car, dans le premier membre de la phrase, l'ARCHITECTURE y est positivement appelée *science;* et, dans le dernier, cette expression *des autres arts*, semble établir que l'ARCHITECTURE en est un. Je rapporte ici le texte latin, pour faire voir que le mot *cæteris*, ne permet aucun doute sur la contradiction où *Vitruve* est tombé, comme tant d'autres; parce qu'il a confondu la véritable acception des mots, et n'a pas apprécié la différence qui existe, très-réellement, entre la *science* et l'*art* (1).

Un Professeur, dans un cours public ouvert l'an passé, a défini l'*architecture :* ART et SCIENCE, à-la-fois. S'il eût parlé d'abondance, je n'aurois pas fait attention, peut-être, à l'étrange amalgame de ces mots, dont les deux significations, quoique très-distinctes, se trouvoient, là, confondues; mais, il lisoit ses *cahiers;* et des leçons écrites étant toujours censées le fruit de la *réflexion*, la surprise a dû me faire étudier la valeur des termes qu'il employoit, pour trouver les raisons d'un tel rapprochement. Par cela même, l'obscurité de sa *définition* m'a frappé d'autant plus. Au reste, en la rapportant, je n'ai d'autre motif, on peut le croire, que de remplir le but de mon travail.

Dans un ouvrage élémentaire fort répandu, publié par un élève, et sous les yeux de *David le Roy*, on lit : l'ARCHITECTURE *est l'art de composer un édifice, d'en assujettir la distribution et l'ordonnance à sa destination particulière, aux règles que l'expérience et le goût ont consacrées : c'est, encore, l'art d'en diriger la construction.* Du moins, il n'y a pas, ici, de contradiction et la pensée de l'auteur n'est pas douteuse.

Le véritable sens de ce mot, dit un autre écrivain que j'ai déjà cité, *indique une science dont l'objet est de diriger les opérations des arts, pour l'exécution d'un édifice quelconque, afin de réunir la convenance, la solidité et la beauté des formes.* Cette définition est simple, et surtout fort intelligible; mais, son exactitude à part, il ne faut point perdre de vue, qu'elle est en opposition avec la précédente.

L'auteur de la notice sur M. ANTOINE a dit : *Si cette qualité si rare, cette science du constructeur, trop négligée, appartenoit, comme on n'en peut guères douter,*

---

et *durée*, voilà donc les deux conditions fondamentales exigées dans l'ARCHITECTURE. Il y a loin de là, je le sais bien, aux productions des siècles de *Périclès* et d'*Auguste;* mais, ce dont il s'agit ici, c'est, seulement, de montrer et de suivre la filiation des idées. J'ajoute donc que celles de *disposition* et de *commodité*, n'ont dû être que secondaires à ces premières; et enfin que celles

d'*ornemens*, d'accessoires agréables et de beauté *réelle* ou *conventionnelle*, ont été, nécessairement, les dernières, dans l'ordre des développemens et des progrès.

(1) Architectura, est scientia pluribus disciplinis, et variis eruditionibus ornata, cujus judicio probantur omnia, quæ è cæteris artibus perficiuntur opera.

aux connoissances puisées dans un état plus voisin de celui du maçon que de l'architecte, ne seroit-ce pas, pour ceux-ci, un motif de croire qu'ils auroient quelque chose d'essentiel à acquérir, s'ils se tenoient plus long-tems, ou s'ils redescendoient quelquefois aux fondemens de leur art.

Ici, la *science* et l'*art* paroissent, de nouveau, confondus ; et, ce qui peut ajouter à la surprise, à l'embarras : c'est que l'auteur adressoit ces paroles à la *section des Beaux-Arts de l'*Institut, devant laquelle il est à croire qu'il n'avançoit que des principes avoués. Cette circonstance, sans doute, doit fortifier son *opinion*, telle qu'elle puisse être ; mais j'avoue que, malgré tous mes soins à l'étudier, il ne m'a pas été possible de la comprendre.

M. Durand (1) s'exprime ainsi : *l'architecture **a** pour objet la composition et l'exécution des édifices publics et particuliers.* Cette *définition* seroit, encore, une des plus satisfaisantes et des plus simples, si véritablement elle en étoit une ; mais l'auteur s'est contenté de montrer le *but* de l'Architecture, sans se prononcer sur son *essence.* L'Architecture est-elle *art* ou *science* dans son opinion ? C'est ce qu'il ne dit pas. La lecture de son ouvrage prouve, seulement, qu'il a reconnu l'absence du *principe fondamental* et senti la nécessité de le trouver. Dans l'impossibilité d'en établir l'existence, il a évité de s'expliquer ; mais, on aperçoit qu'il en avoit le pressentiment ; il devinoit, en quelque sorte, l'ouvrage de M. Lebrun, et il est honorable pour ce dernier, d'avoir ouvert la route indiquée par un tel maître.

Enfin, le dictionnaire de l'Académie française définit l'architecture : *l'art de construire, disposer et orner des édifices.* Une telle *autorité* sembleroit devoir, au premier abord, décider la question : mais, ne seroit-il pas permis d'élever quelques doutes sur l'exactitude de cette *définition ?* 1.º Lorsque celles des mots *science* et *art*, données dans le même ouvrage, font prendre, de chacun, une idée tout-à-fait opposée, on peut, même, ajouter, contradictoire ? 2.º Lorsqu'on réfléchit sur les deux racines grecques, *archos* et *tecton*, étymologie du mot *architecte ?* 3.º Lorsqu'une distinction positive et très-prononcée, existe entre la *leçon* et le *faire*, généralement considérés ? 4.º Lorsqu'il est bien avéré que l'*architecture* ne construit pas, mais, seulement, qu'elle enseigne à construire ? 5.º Lorsque la *pratique* est une condition essentielle et rigoureuse, pour constituer ce qu'on appelle un *art* en général, et les *beaux-arts* en particulier ? 6.º Lorsqu'il est incontestable que cette condition n'a jamais été remplie, par ceux qui prennent la qualité d'*architectes* ou professent l'*architecture ?* 7.º Lorsqu'on peut supposer, avec beaucoup de vraisemblance, que l'académie a dû, dans le tems, consulter les *architectes*, sur la véritable signification d'un mot *technique* affecté à leur profession ? 8.º Enfin, lorsque dans cette hypothèse, il est évident que les *consultés* auroient, nécessairement, égaré les *consultans*, puisqu'ils n'étoient rien moins que d'accord entre eux, sur le *sens propre* du mot, objet de la *consultation ?*

Les divers sentimens que je viens de rapprocher, ont augmentés notre incertitude au lieu de la détruire ; cependant, il en faut convenir : que ce soit à tort ou non, l'opinion la plus généralement adoptée, classe l'Architecture parmi les *beaux-arts.*

_____

(1) Professeur d'architecture à l'école Polytechnique.

L'ouvrage de M. Lebrun prouveroit que c'est une erreur. Il faut donc prendre une autre route pour découvrir si, comme il le prétend, elle doit, en effet, sa naissance aux *sciences exactes*, beaucoup plus encore, qu'à ce que les *artistes* entendent par le mot génie ; ou, si l'erreur ne viendroit pas de ce que les *Muses* sont sœurs et jouissent, en commun, des talens qu'elles protégent et qui caractérisent, plus particulièrement chacune d'elles.

L'analyse, cette méthode qui réduit toute œuvre de la nature ou de l'esprit humain à ses seuls élémens, est un moyen assuré d'obtenir des *définitions* claires et rigoureuses ; mais les résultats de cette espèce d'*anatomie littéraire*, ne peuvent être le fruit que d'une longue méditation. J'essayerai, néanmoins, cette voie ; j'oserai tenter la dissection du mot *pensée*, également employé pour toutes les productions du génie, et regardé comme *principe* des *beaux-arts*.

Quelque soit le succès de mon travail, il aura son utilité pour l'étude ; et si je parviens à montrer l'origine, la formation et les progrès de la *pensée*, d'une manière satisfaisante, la distinction entre la *science* et l'*art*, deviendra plus sensible : ensuite, leur objet particulier, leurs moyens, leurs procédés, leurs résultats, m'apprendront, infailliblement, qu'elle place il faut donner à l'*architecture ;* il suffira de consulter la simple analogie.

La *pensée*, généralement considérée, est une opération de la *substance intelligente*. Captive dans le cerveau de l'homme, elle resteroit *invisible* pour nous, s'il n'existoit pas de moyens de la rendre *apparente* à nos yeux. Examinons comment elle se forme et comment elle se montre.

Deux *facultés* distinctes agissent concurremment dans le cerveau de l'homme. Leur domaine spécial, leur action, leur signe, leur expression, leur dissemblance et leurs points de contact : voilà ce qu'il importe de bien saisir et de fixer.

L'une de ces deux *facultés* a pour objet la *matière* et tout ce qui peut être représenté par elle. L'*acte* qui la caractérise s'appelle *imaginer*. Son résultat est une *forme* intérieure qui nous frappe. Cette *forme* reçoit le nom d'*image*, et la *faculté* productrice est connue sous celui d'*imagination*. Cette *image* intérieure est transmise au-dehors, par le *geste*, qui en est le *signe*. L'opération *manuelle* qui rend fixe ce *geste*, produit ce qu'on appelle une *ligne*. Cette ligne peut être *droite, courbe, méplatte*. Le *geste* fixé par la ligne *droite* ou *courbe*, appartient aux *images* indiquées par la *science*, comme offrant une précision rigoureuse et mathématique ; il retient en particulier le nom de *plan*.

Le *geste* fixé par la ligne *méplatte*, appartient à l'*imitation*, qui commande, surtout, la grâce et la souplesse : il s'appelle *trait* ou *contour*. Il prend le nom de *dessin*, quand on y fait sentir les effets de la lumière et de l'ombre. Son plus ou moins de correction, caractérise ce qu'on nomme *talent*. Enfin, l'*expression* de cette ligne par les *couleurs*, le *marbre* ou les *métaux*, constitue les Beaux-arts (1).

Tout ce qui est purement *intellectuel*, c'est-à-dire, tout ce qui n'a pas de *forme* et ne peut en recevoir, appartient à la seconde *faculté* agissante dans le cerveau.

(1) Le *trait* ou le *geste* fixé, se modifie à son tour et d'une manière sensible à l'œil, suivant la nature des objets auxquels on l'applique et prend, ainsi qu'on peut aisément le reconnoître, des configurations tout-à-fait différentes, suivant l'expression particulière à chacun d'eux : Tels sont, dans les *Beaux-arts*, le *tableau* pour la *peinture*, la *planche* pour la *gravure*, la *ronde bosse* ou *bas-relief* pour la *sculpture* : tel est, encore, le *bâtiment* dans l'Architecture.

J'appelle *idéer* (1) l'*acte* qu'elle exerce. Le *résultat* de cet acte s'appelle *idée* et la *faculté* productrice, *intelligence*. L'*idée* se manifeste, au-dehors, par la *parole*, qui en est le *signe* ; la *parole* est rendue *visible* par l'*écriture*, qui en est l'*expression*.

Les modifications de l'*écriture*, qui sont les divers *alphabets*, les *notes* et les *chiffres*, rendent *visible* le discours en *prose* ou *cadencé*, la *musique* et l'*arithmétique*, qui ne sont, également, chacune, que l'*idée* modifiée.

Le *geste* est donc aux *images*, ce que l'*écriture* est aux *idées* : Ce sont deux moyens de manifestation, l'un par la vue, l'autre par l'ouïe ; mais, tous les deux *fugitifs* et sans aucune existence *matérielle*. La *ligne* est aux *images*, ce que l'*écriture* est aux *idées* : Ce sont deux moyens de manifestation. mais, *matériels* et *durables*.

Les résultats généraux que je viens de montrer être produits par la substance *intelligente*, et dont l'ensemble constitue la PENSÉE, se réduisent donc rigoureusement à deux : *idées*, *images* (2). Je rendrai, bien facilement, ceci sensible.

Si je pense *musique* ou *volonté*, ce n'est pas une *image* qui se peint dans mon cerveau. Il n'y a pas lieu, je dis plus, il n'est pas possible de signaler aucune *forme* par le *geste*, ni de la fixer au moyen de *lignes*. Mais, la preuve que chacun d'eux est un être *intellectuel*, c'est-à-dire une *idée* : c'est que je puis manifester l'un et l'autre par la *parole*, et les rendre *visibles*, au moyen des caractères usités pour chacun.

Si je pense *épagneul* ou *maison*, ce n'est pas une *idée* qui naît dans mon cer-

---

(1) Ce mot n'est point dans le dictionnaire de *l'Académie française*; mais, il est employé, très-heureusement, il me semble, dans un ouvrage de M. DE BONALD, intitulé : *Législation primitive*, etc., et nous n'en avons pas qui puisse le remplacer.

(2) La PENSÉE se divise donc en *littéraire* et *pittoresque*. Si cette distinction, très-réelle, étoit plus étudiée et mieux sentie ; les professeurs réfléchiroient davantage, sur les *programmes* qu'ils donnent à remplir aux élèves ; il y auroit moins d'obscurité dans certaines *compositions*; et les artistes, useroient avec plus de ménagement des ressources de l'*allégorie*, qui n'est autre chose que l'emploi des signes affectés aux *images*, lorsqu'on n'a que des *idées* à exprimer, emploi très-inconvenant, alors, en voici la preuve :

Quand la bouche *prononce* ou quand l'écriture rend *visible* le mot CHIEN, par exemple, l'*audition* ou l'*aspect* du mot, rappellent, aussitôt, à l'esprit la *forme* de l'animal, par la raison que cette *forme* existe, en effet, dans la nature.

Mais, quand l'artiste, au moyen de cette modification du *trait* que nous sommes convenus d'appeler CHIEN, veut représenter la *fidélité* métaphysiquement considérée ; la multitude ne peut plus le comprendre. Pourquoi ? parce qu'il suppose des *formes* à ce qui n'en a pas et peut, dès-lors, tomber dans l'arbitraire ; parce que la *fidélité* n'étant pas un être *matériel*, mais *intellectuel*, ne sauroit être exprimée, sans équivoque, que par la *parole* et l'*écriture*; et jamais avec le *geste* ou le *trait* qui sont des moyens d'*imitation*.

L'*emblème* ou le *symbole* peuvent bien être

considérés comme un langage, *convenu*, si l'on veut, dans les *beaux-arts*; mais, en contradiction avec les *signes* usuels qui, seuls, sont fondés en *raison* et en *principe* ; et l'on ne peut espérer de faire comprendre ce langage factice, à qui n'en a la clef, pas plus que l'*italien* ou le *grec*, à qui ne les a pas appris. Ajoutons à cela : que le langage *allégorique* est d'autant plus obscur et entortillé, que chaque *artiste* peut, à son gré, s'en créer un ; et qu'alors, les mêmes *signes* peuvent exprimer des choses fort différentes, suivant la portée de son GÉNIE, ou ses affections morales, ou l'espèce de travail dont il s'occupe ; et en effet, le *serpent* n'exprime-t-il pas, également, la *prudence*, l'*envie*, le *soleil*, la *médecine* et l'*éternité* ? Or, très-certainement, il n'y a pas d'*idées* plus disparates que celles-là *.

S'il est question d'*attributs* conventionnels, dont les *formes* sont supposées par l'*artiste*, au lieu d'être indiquées par la nature, l'embarras est bien plus grand encore. Un CADUCÉE, par exemple, n'est-il pas, également, un signe de *paix*, de *fortune*, de *bonne conduite* et d'*immoralité* ? Enfin, dessinez *une femme couchée sur un lion et de la gueule duquel il sort une vapeur** et jugez combien, il faut supposer de recherches, d'instruction, d'erreurs même, de la part du spectateur, avant qu'il puisse deviner qu'on a voulu lui faire naître l'*idée* de la FIÈVRE et la *personnifier*. C'est, pourtant, là, ce que l'artiste a prétendu faire ! d'où provient donc cette obscurité ? de ce que la FIÈVRE n'a pas de *forme* et ne peut être convenablement *exprimée*, que par la *parole* ou l'*écriture* !

* Voyez le Dictionnaire de la fable, par NOEL.　** *Ibid.*

veau

veau ; car la *parole* et l'*écriture* ne pourroient pas, à elles deux, rendre visibles, ni l'*animal*, ni l'*édifice ;* mais, la preuve que chacun d'eux est un être *matériel*, c'est-à-dire, une image : c'est que le *geste* en montreroit la figure et que les *lignes* rendroient les *images* permanentes.

L'*image* emprunte, quelquefois, le signe de l'*idée*, c'est-à-dire la *parole*. Ainsi, je prononce le mot ARBRE, qui m'en fait imaginer la *figure*.

A son tour, l'*idée* emprunte, quelquefois, l'*expression* de l'*image*. Alors, au lieu d'écrire *prudence*, je la *figure* sous les traits d'une femme, tenant, à la main, un miroir entouré de serpens.

De cet échange d'*expression* et de *signe* entre les *idées* et les *images*, résultent, d'un côté : les *métaphores* et les *figures* dans le style ; de l'autre : les *emblèmes* et les *allégories* dans les BEAUX-ARTS.

Il y a, sans doute, un peu de *métaphysique* dans cet exposé ; mais, comment l'éviter ? Il importoit de rappeler les *idées fondamentales*, afin de mettre le lecteur à portée de juger, si l'*application* que j'en vais faire à la SCIENCE et aux ARTS, est exacte et concluante.

Le mot SCIENCE signifie *connoissance qu'on a de quelque chose ; connoissance certaine et évidente des choses* (1) ; et le mot *savant* indique celui qui possède la SCIENCE ; il en est le corrélatif.

Le mot ART signifie : *méthode pour faire quelque chose, selon certaines règles* (2).

Dans la première de ces deux définitions, *connoissance* suppose un acte de l'*entendement*, duquel il ne peut résulter que des opérations *intellectuelles* et rien, absolument, de *matériel*.

Dans la définition du mot ART, *règle et méthode* indiquent bien, encore, un acte de l'*entendement ;* mais, loin que ce soit d'une manière *exclusive*, le mot *faire* emporte la nécessité d'une modification quelconque de la *matière* et, dèslors, le concours simultané de l'*esprit* et de la *main*.

Il n'y a donc, chez l'homme, qu'un seul agent générateur de la SCIENCE et il est *intellectuel*. Pour l'ART, considéré sous un point de vue général, il nous est démontré qu'il en existe deux : l'un *intellectuel*, l'autre *matériel*. Mais, comme ces deux agens, quoique opérant à la fois, ne le font pas d'une manière égale, il en résulte une distinction entre les ARTS : on les appelle, en conséquence, ou *mécaniques*, ou *libéraux*.

Les premiers sont ceux qui dépendent davantage de la *main* et à la pratique desquels, le *génie*, l'*entendement* ou l'*esprit*, comme on voudra, ont la plus légère part.

Les seconds sont ceux où le *génie* participe *spécialement* et dans l'exercice desquels, la *main d'œuvre*, quoique indispensable, ne peut être considérée que comme un moyen secondaire.

Avant la distinction établie entre les *arts*, ceux qui les exerçoient, pouvoient être, indifféremment, désignés par la même expression, on le sent bien ; mais,

---

(1) Définition donnée par le dictionnaire de l'Académie française.

(2) Définition donnée par le dictionnuire de l'Académie française.

à cette époque, ils ont dû recevoir, chacun, une dénomination relative aux deux divisions qu'on vient de reconnoître.

Ainsi : le mot *artisan* fut consacré pour désigner celui qui professe un *art mécanique ;* et le terme d'*artiste* fut réservé à celui qui cultive un *art libéral.*

Mais, il importe, ici, de ne pas perdre de vue : que tout homme dont l'état ou la profession n'exige, autre chose, que l'emploi des *signes* primitifs affectés aux *idées ;* lesquels *signes* ne caractérisent pas ce qu'on est convenu d'appeler un travail de la main ; que celui-là, dis-je, ne peut pas plus recevoir la dénomination d'*artiste* que celle d'*artisan*, sans changer les idées ou corrompre le sens des mots : car, les *notes* et les *chiffres*, n'étant que des modifications de l'*écriture*, ne sont à l'égard de la *musique* et de l'*arithmétique*, modalités de l'*idée*, considérée en général, que ce que l'*écriture* est, elle-même, à l'égard de l'*idée ;* c'est-à-dire des moyens de manifestation appropriés aux modifications *musicale* et *arithmétique.*

Au lieu que l'*artiste* emploie, dans l'exercice de son *art* et met en œuvre, des *matières* et des procédés, qui le feroient, par fois, confondre avec l'*artisan*, s'il n'avoit pour moteur *essentiel* le GÉNIE, dont la chaleur brûlante anime, ennoblit ses travaux.

Ainsi, lorsqu'on appelle ARTISAN un *forgeron*, un *charpentier*, un *maçon ;* lorsqu'on nomme ARTISTE un *peintre*, un *statuaire*, un *graveur ;* l'*écrivain*, le *calculateur*, le *musicien*, ne sauroient être, convenablement, désignés par l'une ni l'autre de ces deux expressions.

La même observation s'étend, encore, à ceux dont l'état se borne à l'usage des *lignes droites* et *courbes*, spécialement affectées à l'*expression* des figures *mathématiques*. Ainsi, le *géomètre* et ceux qui se servent des mêmes moyens que lui, ne doivent pas être qualifiés d'ARTISTES, puisque les *signes* dont ils font usage, ne sont pas, davantage, considérés comme un *travail* de la main.

On dira, peut-être, que c'est renverser toutes les idées reçues, que de contester leur place, parmi les BEAUX-ARTS, à la *musique*, à l'*éloquence*, à la *poésie*, à la *danse*, que sais-je encore ? Oui ! c'est renverser toutes les idées, mais, toutes les idées *fausses ;* et il faut s'entendre :

La *musique*, considérée comme *composition*, n'est point un ART : elle est, très-certainement, la SCIENCE *qui traite du rapport et de l'accord des sons* (1).

Le *musicien* exécutant est un ARTISTE, il n'y a pas de doute ; car, l'intervention de la *main* est, de sa part, rigoureusement nécessaire. Mais, s'il ne dérobe le feu de *Prométhée ;* si son propre *génie* ne l'identifie pas avec le *compositeur*, il n'est qu'un misérable écorcheur d'oreilles ; et mieux vaudroit, alors, qu'il fût un *artisan* adroit dans un état quelconque.

Quant à l'*éloquence*, à la *poésie*, à la *littérature*, il n'y a qu'un mot : jamais les *Grecs* et les *Romains*, qui connoissoient leur langue aussi bien que nous, ne se sont avisés d'appeler ARTISTES, *Homère* et *Cicéron*, *Démosthène* et *Virgile*. Ces hommes célèbres étoient, tout simplement, pour eux, des *orateurs* et des *poëtes*.

(1) Définition donnée par le dictionnaire de l'Académie française.

Ces titres en valoient, probablement, bien d'autres ; car, il y a vingt siècles, environ, qu'ils suffisent à leur gloire.

Parmi nous, jamais *Corneille, Montesquieu, Baron, Clairaut, d'Alembert, Lekain, Buffon, Descartes, Molière, Tournefort, Rousseau, Lavoisier, Voltaire*, et tant d'autres, n'ont eu, je pense, la prétention d'être qualifiés d'ARTISTES. Ils se contentoient d'être connus, comme *orateurs, savans, poëtes, comédiens* ou *gens* de *lettres;* et ces dénominations particulières, ne leur ont pas moins fait honneur et frayé le chemin de l'immortalité.

Quant au *danseur :* quelque enthousiasme que sa grâce ou la fermeté de son jarret, puisse exciter dans un parterre enivré ; quelque respect qu'on doive à l'erreur de mots commise par un public tout entier; le plus habile, de tous, ne peut être considéré que comme une machine à ressort très-agréable à voir jouer : car la DANSE n'est autre chose qu'un *mouvement du corps* (1), c'est-à-dire un *métier,* dans l'exercice duquel, les jambes et les pieds remplissent les fonctions des bras et de la main dans tous les autres. L'expérience a prouvé qu'on peut très-bien *danser*, sans avoir du GÉNIE.

J'ai tâché d'être clair, en rappelant toutes ces distinctions établies et consacrées depuis long-tems, mais affoiblies ou dénaturées par la sottise, l'habitude ou la vanité. A présent, appliquons-les à la question de savoir : si l'ARCHITECTURE est une *science* ou un *art.* C'est là le but que je me suis proposé.

Les facultés de l'homme ont un domaine assigné par la nature ; et la perfection des ouvrages humains tient, n'en doutons pas, à ce que chacune d'elles, en concourant à l'ensemble de leurs produits, respecte ses propres limites.

Ainsi, dans l'ARCHITECTURE, le *génie* enfante le projet de l'édifice; la *main* conduite par la *pensée* rend la conception *visible*. La *science* étudie cette *image* et régularise l'œuvre de l'*imagination*. Enfin, l'*art* opère à son tour, et le monument, par son *aspect*, justifie plus ou moins, l'obéissance de l'*architecte* au *principe immuable*, établi par la sagesse éternelle. Mais, je prie le lecteur de prêter une attention particulière aux observations suivantes.

Est-il bien vrai, d'abord, que le *génie* et le *goût* (2) soient *libres*, ainsi qu'on le répète sans distinction, sans examen ? car, avant tout, il faut s'entendre.

Dans les *beaux-arts*, le *génie* est *libre*, sans doute ; mais, seulement, dans la *combinaison* des objets ; et c'est là ce qu'on appelle *composition* ou *ordonnance*.

(1) Définition donnée par le dictionnaire de l'Académie française.

(2) Rien n'est plus arbitraire que ce qu'on entend par le mot *goût*, considéré relativement à l'ARCHITECTURE, ni plus indéterminé que ses résultats; dans mon opinion, son domaine est, absolument, circonscrit dans la distribution et le choix des *ornemens* ; et il ne peut s'exercer que sur des *masses* et des *formes* précédemment déterminées par la SCIENCE. Sous ce point de vue, il est très-propre, sans doute, à recevoir et à transmettre l'empreinte des tems, des climats et des peuples sur lesquels il exerce son empire.

Mais le *génie* et le *goût* réunis, ne sauroient jamais, par leurs seuls moyens et dans la plus heureuse combinaison de leurs efforts, produire rien d'*essentiellement* parfait : il leur faut un régulateur sûr et constant, sans lequel ils s'égarent; pour l'architecture, il est dans la *science*, comme il est dans l'*imitation* pour les beaux-arts. S'il n'en étoit pas ainsi, chaque peuple et chaque siècle pourroit avoir la prétention, également fondée, de posséder exclusivement le *type* de la perfection ; et dans un système aussi bizarre où ne seroit-elle pas ? et, bien plutôt, où seroit-elle en effet ?

Mais ces *objets* dont il dispose, ont une *forme* invariable et des *rapports apparens*, déterminés par la nature. C'est, 1.° dans la *conformation* de leurs parties ; 2.° dans leur ensemble ; 3.° dans leur combinaison plus ou moins heureuse, qu'elle a voulu placer le *type de la beauté ;* et c'est, ensuite, dans l'*imitation* plus ou moins fidèle de ce *type*, que consiste la *perfection* des *beaux-arts.*

Dans l'ARCHITECTURE qui, les chimères à part, n'a pas d'objet d'*imitation*, l'*ordonnance* est *libre*, ainsi que dans les *beaux-arts ;* mais, avec cette différence remarquable : que la nature n'a pas indiqué de *formes* ; et par une conséquence bien simple, tout *rapport* est nécessairement *inconnu*. Mais les *formes* étant une fois déterminées par la *pensée* de l'architecte, et rendues *visibles* au moyen des *lignes droites* et *courbes*, que nous avons vues être affectées, spécialement, aux *images* géométriques ; leur relation se développe au moyen du calcul et devient l'œuvre de la *science*. C'est dans la concordance *mathématique* des masses de l'édifice, entre elles, que réside essentiellement le *type de la beauté architectonique* : son *principe* est *invisible*, et ses *rapports intellectuels ;* avant d'être rendus sensibles à l'œil, ils doivent être aperçus par l'esprit ; mais, il est raisonnable et vrai de dire : que pour échapper, d'abord, à nos sens, ils n'en sont pas moins ordonnés et constans.

Ensuite, il faut bien se rappeler que le *trait*, considéré en général, n'est jamais le but précis et le véritable *résultat* cherché par celui qui l'emploie. Il n'est qu'un moyen commun de rendre la *pensée* visible, ou un procédé préparatoire, pour arriver au *mode d'expression* qui doit caractériser chaque *art* en particulier. Il faut, ici, pour nous entendre et ne pas maintenir l'abus que je cherche à détruire, se bien rappeler la division du *trait* que j'ai précédemment établie.

1.° Toute *image* rendue *visible* par des *lignes*, ou droites, ou décrites par le compas, n'est pas une production des *beaux-arts,* mais l'expression d'une *science*. Les parties droites et celles du cercle appartiennent exclusivement à celle-ci ; et quand ceux-là veulent en faire usage, ils les empruntent d'elle (1).

Ainsi, les *plans*, *coupes* et *élévations* tracés par un *architecte,* abstraction faite des *ornemens* qui peuvent s'y trouver, ne sont pas des *dessins*. Un *plan* n'est appelé *dessin*, que par un de ces abus du langage, occasionné par les usurpations insensibles, mais continuelles, des idiômes *artiels,* les uns sur les autres et consacrés par l'habitude, ou par les relations intimes de l'ARCHITECTURE avec les *beaux-arts*.

2.° Le plus ou moins de *perfection*, c'est-à-dire, de *pureté* dans les *plans* tracés

---

(1) Ainsi, quand un *peintre* met en *perspective*, un *fond* d'*architecture*, un meuble, ou tout autre objet, il ne dessine pas, il trace de la *géométrie*. La *science* dont il applique les résultats à son *tableau* devient, en ce moment, un accessoire à son art ; utile, mais rien de plus : accessoire, dont l'absence ôteroit quelque mérite, sans doute, à son ouvrage ; mais ne pourroit pas le dénaturer ; ce seroit toujours de la *peinture*.

Ainsi, quand l'*architecte* quitte un instant la règle et le compas, pour indiquer des *ornemens* sur une *élévation* qu'il veut *décorer*, il n'est plus *architecte*, en ce moment, il est *dessinateur* ; et l'art devient, à son tour, un accessoire à la *science* ; mais sans détruire en rien ni changer la nature de l'ouvrage. Les monumens *Grecs* en sont la preuve ; quoique simples et dépouillés d'*ornemens*, ils n'en sont pas moins de l'*architecture*.

par

par l'*architecte*, n'est importante en aucune manière, pourvu qu'il n'y ait pas erreur dans l'échelle et dans les calculs ; parce que son véritable but, ne doit pas être d'aspirer à la beauté du talent qui montre l'*image* de l'édifice ; mais, seulement, d'en rendre *visibles* les dispositions faites par la *pensée*.

Dans les *beaux-arts*, au contraire, le *trait* est leur *principe* constitutif, un élément indispensable à leur existence ; et si, dans chacun d'eux, les *artistes* le doivent principalement soigner, c'est qu'il est l'indice assuré du véritable *talent* ; c'est qu'il annonce le *sentiment* profond des *formes* et des *beautés* de la nature ; c'est qu'il n'est pas, sans lui, de perfection réelle.

3.° Il existe, ensuite, une véritable similitude, un *rapport* direct entre l'*esquisse* du peintre et le *tableau* dont il va s'occuper ; entre la *planche* du graveur et les *épreuves* qu'elle doit produire ; entre la *maquette* du sculpteur et la *figure* dont elle est le premier modèle. Tous les trois pourroient, à la rigueur, devenir, si non le *tableau* même, ou l'*épreuve*, ou la *statue*, au moins en tenir lieu, dans certains cas.

Mais, on est bien forcé de le reconnoître : il n'y a pas la même analogie entre les *tracés* divers de l'*architecte* et le *bâtiment* qu'ils représentent. L'exactitude des mesures à l'échelle adoptée, la pureté des lignes, l'égalité des teintes et l'effet le plus harmonieux, ne sont absolument rien pour l'exécution et la durée du *bâtiment* en projet. Une réflexion péremptoire achevera le parallèle : c'est que, dans dans aucun cas, les *plans*, *élévations* et *coupes* les plus estimables, sous tous les rapports, ne peuvent, jamais, remplacer l'*édifice* dont ils offrent l'*image* et pas seulement tenir lieu de la bicoque la plus chétive.

4.° Ce qui constitue spécialement le *dessin*, ce qui le caractérise : c'est d'avoir pour unique *élément*, ce qu'on appelle dans les *arts d'imitation*, la *ligne méplate* : fusion admirable et si difficilement parfaite de la ligne *droite* et de la *courbe !* que toute la magie de la parole écrite ou parlée, ne pourra, jamais, rendre sensible à l'entendement ! que les plus rigoureuses démonstrations de la *science*, ne pourront jamais décrire ! que la main la plus exercée n'exprimera jamais bien, si le *sentiment* ne la conduit !

Un *plan*, au contraire, n'est autre chose que l'*expression* de cette partie des mathématiques, connue sous le nom de *géométrie*. Or, dans un travail de cette nature, les *données* sont *fixes* et les résultats *certains*. Les longues études du *dessinateur*, sont remplacées par des calculs ; la règle et le compas tiennent lieu des *talens* qui font le mérite et la gloire des *beaux-arts* ; et la *science*, respectable, sans doute, mais glacée, tient la place du *sentiment* qui leur donne la vie.

Il y a donc, contraste véritable, opposition complète, dans l'objet, les moyens, les procédés, les résultats du *plan* d'un *architecte* et les résultats du *dessin* d'un *artiste* ; et c'est bien à tort qu'on les a confondus sous la même dénomination.

Un dernier rapprochement, présenté sous un tout autre point de vue, que ceux qu'on vient de lire, portera, j'ose le croire, cette vérité jusqu'à l'évidence.

Par la nature même de son *art*, le *dessinateur* n'est point obligé de justifier à nos yeux, l'emploi des trois *dimensions* connues de la MATIÈRE, *longueur*, *largeur* et *profondeur* ; et il ne peut exprimer que la seule *apparence* des objets. Aussi, pour nous tromper, comme il le doit, s'il veut être fidèle ; il ne nous présente, jamais, les *formes* comme elles existent, mais, seulement, comme elles se montrent à lui : c'est-à-dire, dans un état plus ou moins prononcé de *perspective*, soit *naturelle*, *aérienne* ou *linéale*. La fidélité de la *forme* ou l'abstraction d'une partie des *surfaces*, sont indifférentes et pour lui - même et pour autrui. L'*apparence* est le seul objet qu'il se propose ; et l'unique *but* de son *art*, consiste à présenter la plus parfaite *imitation* de cette *apparence*.

L'*architecte*, au contraire, est obligé d'accuser les véritables *formes* qu'il se propose de faire *exprimer* dans son *bâtiment* et de montrer le développement tout entier de chaque *surface* : c'est-à-dire, la MATIÈRE dans ses trois *dimensions*. Pour y parvenir, il n'a d'autres moyens que d'offrir à notre vue, trois *images* différentes : *élévation*, *plan* et *coupe*. Cette marche, absolument inverse de celle du *dessinateur*, force, encore, l'*architecte* à une autre mesure : celle de supposer son œil ou celui du spectateur, placé à *angle droit* sur tous les points à-la-fois et toujours à distance égale ; supposition évidemment contraire à l'*action visuelle*. En manquant à la vérité, il embarrasse ceux qui, sans être *géomètres*, ont le sentiment de la *perspective* et sont capables de raisonner. Or, comme il y a contradiction forcée entre l'*apparence* des formes et leur *réalité*, il est obligé de sacrifier la première à la seconde et ses *élévations* n'offrent que des *plans verticaux*.

Enfin, l'*architecte* éprouve un assujettissement continuel, même jusque dans les opérations hors de la vue ; quand, au contraire, le *dessinateur* est libre de tout le reste, en exprimant avec fidélité ce que l'œil peut atteindre.

Le *professeur* DURAND fait, à l'enseignement de l'ARCHITECTURE (1), le reproche de n'offrir que des *élévations géométrales* et, par là, de manquer à la *perspective*. Il a raison, sans doute, en les assimilant avec les productions des *beaux - arts ;* mais, leur disparité, que j'ai tâché de faire reconnoître, une fois bien sentie, il restera démontré qu'il se trompe et qu'elles doivent, nécessairement, pécher, ou par l'*apparence* ou par la *fidélité*.

Le *dessin*, dans la véritable acception de ce mot, n'est donc point nécessaire à l'ARCHITECTURE ; (2) et cela est tellement avéré que, de tous les tems, on n'avoit assujetti les élèves, qu'à *tracer* des *lignes droites* ou dérivées du *cercle*. L'*art de tracer les plans*, n'est même pas *essentiel* à l'ARCHITECTURE ; car, il ne seroit pas impossible, on ne peut en disconvenir, de concevoir un *projet* de *bâtiment* et de le faire exécuter, sans le secours d'un *plan*. Il ne doit être pour l'*architecte* qu'un *auxiliaire* à la mémoire. Un plan n'a, d'ailleurs, besoin que d'exactitude. La pureté qu'on affecte d'y mettre, aujourd'hui ; loin d'être un objet d'étude, autrefois, étoit regardée comme un petit mérite ; et, cela par des hommes à qui l'on accorde

---

(1) Dans son ouvrage, intitulé : *Leçons élémentaires d'architecture*, données à l'Ecole polytechnique.

(2) Je n'entends pas conclure, de là, qu'il ne doit pas le savoir. Sans doute, il est honorable et avantageux à l'*architecte* de réunir, en soi, le mérite du *dessinateur* ; je crois, même, cette réunion convenable ; mais, il n'en est pas moins vrai que l'ARCHITECTURE et le *dessin*, proprement dit, doivent être considérés séparément ; car, de deux choses l'une, et il y a nécessité de choisir entre les deux propositions suivantes : ou ce sont deux choses différentes ; ou l'on a confondu le *principal* et l'*accessoire*.

un grand talent (1) ; et comme l'avance le *professeur* Durand , dont , certes ! l'opinion peut faire autorité , un *plan* doit se réduire , à l'égard du *constructeur* , à lui faire distinguer les *pleins* d'avec les *vides*.

Pour terminer , enfin , cet examen , voici ma dernière observation et je la crois sans réplique. Un *peintre* , un *graveur* , un *statuaire* , s'honorent d'une *pratique* savante ; un beau *faire* est une condition nécessaire , une des parties constitutives des *beaux-arts* et de celui , particulièrement , exercé par chacun d'eux.

Cela posé : si l'*architecte* , à part l'impulsion du *génie* , qu'il doit éprouver comme l'*artiste* , le *compositeur* , l'*écrivain* ou l'*orateur* : si l'*architecte* , dis-je , après avoir conçu , tracé l'*image* d'un édifice , le construit , lui-même , (de ses mains , je m'explique) , comme le *peintre* fait , lui-même , son *tableau ;* comme le le *sculpteur* extrait la *statue* du bloc qui la récèle ; comme le *graveur* découvre son sujet dans le cuivre , avec l'eau forte ou le burin ; en un mot , si l'*architecte* *opère* par lui-même , il faut le classer parmi les ARTISTES , il n'y a pas de doute et , sous ce rapport , l'ARCHITECRURE seroit un des ARTS LIBÉRAUX.

Mais , comme il est prouvé , qu'il n'en est rien ; comme l'ARCHITECTE ne sauroit , même , être tenté de partager le mérite des ouvriers qui , sous ses ordres , donnent une *forme* à la pierre et lient les moëllons avec du plâtre et de la chaux ; comme il est au nombre de ceux qui n'*expriment* et n'ont besoin d'*exprimer* leurs *conceptions* qu'avec les *lignes* affectées à l'*expression* de la *science* ; il est impossible de l'appeler *artiste* et l'ARCHITECTURE un *art* , à moins d'estropier éternellement la langue et de manquer au bon sens.

Si les différences que je viens d'établir ne sont pas illusoires , la distincion entre entre la *science* et l'*art* est faite. La ligne de démarcation tirée entre eux , sera reconnue par tout esprit droit et la véritable place de l'ARCHITECTURE assignée. L'erreur dans laquelle on est tombé en lui en donnant une autre , à deux causes principales : la première est l'*abus* qu'on a fait du langage , en confondant les *plans* de l'ARCHITECTURE avec les *dessins* produits par les *arts d'imitation ;* c'est-à-dire , en donnant , mal-à-propos , aux premiers , la dénomination des seconds , qui s'y peuvent trouver *accessoirement* placés. Il suit de-là : qu'on s'est accoutumé , sans s'en douter , à croire de l'analogie entre l'ARCHITECTURE et les *beaux-arts* , par la raison que leurs résultats se font réciproquement valoir , en les combinant avec intelligence. Ainsi , la routine aveugle , excusée par la paresse que l'esprit montre à rechercher la différence des choses , a confondu les idées les plus disparates. Eh ! qui sait , ensuite , comme l'insinue un des auteurs que j'ai cité : si quelque *vanité* secrète de la SCIENCE , n'auroit pas , adroitement , propagé , provoqué , même , cette erreur ! dans la vue se faire honorer davantage , encore , en ajoutant au mérite , déjà recommandable des *connoissances* , celui plus rare des *talens* , qui sont l'attribut particulier des *beaux-arts* !

La deuxième cause , non moins réelle et frappante que la première : c'est l'inattention qu'on a mise à distinguer l'*objet* et le véritable *résultat* de l'ARCHITECTURE , d'avec ce qui n'en est et n'en peut être que le *signe* et l'*apparence*. On n'a pas assez

---

(1) Dans leur nombre , on pourroit citer *Blondel* et *Souflot*. Ils ne traçoient guères eux-mêmes, ils se contentoient de donner des *cotes* , au moyen desquelles on rendoit leur *pensées* visibles.

réfléchi sur cette vérité : que la véritable *expression* de la *science architectoni-que*, c'est le *bâtiment* seul ; comme le *tableau*, la *planche*, la *statue*, sont les seules et véritables *expressions* de la *peinture*, de la *gravure*, de la *sculpture*. On n'a pas fait attention que la *ligne*, considérée en général, n'offrant pas cette *expression* par elle-même, ne doit jamais être prise pour elle ; et enfin, que dans tous les cas, cette ligne n'est qu'un moyen de rendre *visible* l'image créée par la *pensée*, en attendant qu'elle soit modifiée suivant la nature de chacun des *arts* ; mais, avec cette différence sensible : qu'elle est pour les *beaux-arts* un *élément* indispensable, lorsqu'elle n'est qu'un *auxiliaire* pour l'ARCHITECTURE et les *arts mécaniques* qu'elle fait agir sous sa direction.

Concluons donc ; que l'*architecte* doit être rangé dans la classe des *savans* et non pas dans celle des artistes. En effet, il imagine, prévoit, combine, calcule, *pense* enfin, pour tous ceux qu'il dirige ; et il ne fait, jamais, rien exécuter, que d'après des *données* très-rigoureusement *mathématiques* (1).

Dans toutes les constructions possibles, le *principe* est le même ; la distribution du terrain, la force des bois, la densité des pierres, la gravité des corps, les poussées, les résistances ; tout est affaire, ou de géométrie ou de calcul ; tout se démontre et tout est soumis à des lois immuables (2).

Aux dispositions concertées par la SCIENCE et le besoin, l'*architecte* intelligent et guidé par le *goût*, peut, ensuite, ajouter les *accessoires* indiqués par les *formes* et les convenances locales. Il peut, alors, appeler à son secours les *beaux-arts ;* il peut déployer leur magnificence et leurs ressources. Mais, en adoptant les conceptions les plus brillantes ; en en faisant l'application la plus heureuse et la plus digne d'éloges ; il ne doit pas oublier que leurs moyens ne constituent pas *essentiellement* l'ARCHITECTURE ; surtout ! il ne doit pas oublier qu'il est dans le *cercle de Popilius* et qu'il n'est pas le maître d'en franchir la circonférence.

---

(1) A l'appui de cette vérité, l'on pourroit citer avec avantage, le projet de coupole en pierre, proposé pour la Halle au bled, par M. RONDELET. Des *calculs* rigoureux et des *combinaisons* mathématiques, en sont, exclusivement, les bases et le système *décorateur* y est, absolument nul. Eh bien ! cela posé : je demande à ceux qui prétendent qu'en adoptant la distinction que j'établis entre la *science* et l'*art*, l'ARCHITECTURE ne seroit plus qu'un métier ; je leur demande, dis-je, s'ils entendroient se rabaisser eux-mêmes, au point de supposer ou croire : qu'une conception aussi savante pourroit être le produit d'une industrie purement machinale ? En proposant un pareil exemple, on ne peut pas, je pense, être accusé de paradoxe ou d'hérésie *architectonique !*

car, si ce n'est pas là de l'ARCHITECTURE, qu'on nous dise donc ce que c'est ?

(2) Et si l'on demande : pourquoi toujours des *frontons*, des *entablemens*, des *colonnes* et des *portiques* ? Pourquoi le *piédestal* a toujours porté le *fut* ? le *chapiteau*, l'*architrave* ? et la *corniche*, le *comble* ? C'est qu'un tel arrangement tient à la nature même des choses.

On reproche donc, à tort, aux *architectes* anciens et modernes, de n'avoir pas trouvé de *combinaisons* nouvelles ; jamais ils n'en trouveront ; et cela, par la même raison qui nous empêche d'imaginer une *figure*, à-la-fois plus belle et différemment ordonnée que la *figure humaine*. Au reste, on peut bien se consoler de n'être pas plus sage ou plus savant que la *nature*.

DÉCLARATION

DÉCLARATION DE L'ÉDITEUR.

L<small>A</small> *lecture attentive de cet ouvrage, fréquemment répétée pendant la gravure des planches, m'a convaincu de la nécessité qu'il y avoit, de lui donner une marche méthodique, une sorte de liaison, une clarté, que l'auteur, uniquement occupé de son objet principal, avoit trop négligées; mais, que le public sévère exige, toujours, avec raison, d'un écrivain, quelque puisse être le sujet qu'il traite.*

Si je n'avois été que simple éditeur *, cette considération auroit été nulle pour moi; et j'aurois mis à l'impression le* manuscrit *, tel qu'il étoit, sans m'occuper des résultats.*

Mais je suis, encore, propriétaire *, seul chargé des avances et des hasards de l'entreprise; et quand mes intérêts paroissoient compromis, j'ai pu, sans blesser personne, essayer tous les moyens de réussite que je pensois avoir à ma disposition.*

Ce qui doit constituer le véritable mérite d'un ouvrage de la nature de celui que je publie; c'est bien moins, il me semble, la manière dont il est écrit, que son objet même; néanmoins, faut-il compter la rédaction pour quelque chose.

Il ne suffit pas d'offrir au public, une matière intéressante et des idées nouvelles, pour obtenir de lui l'accueil qu'on en espère; il importe, avant tout, de se faire lire avec plaisir. Des négligences ou de l'obscurité, des lacunes, des incohérences, embarrassent, dégoûtent et présentent à l'esprit, comme des fragmens isolés ou des lambeaux décousus, ce qui n'en forme pas moins un tout homogène, un corps d'ouvrage estimable et complet.

Sous ce point de vue, j'ai senti la nécessité de réduire quelques phrases; d'en supprimer entière- ment d'autres; d'éclaircir certains endroits; et d'ajouter aux idées fondamentales de l'auteur, tout ce qui m'en paroissoit être le développement, la liaison, le complément et la conséquence. Lorsqu'il m'a paru indispensable de reproduire quelques-unes de ses pensées *en d'autres termes que les siens, je me suis attaché, principalement, à les exprimer avec justesse et à les rendre avec fidélité; enfin, par dessus tout, je me suis efforcé d'être, à-la-fois, correct, exact et clair.*

Il est difficile d'apprécier l'espèce de courage nécessaire, pour traduire *, on peut bien s'exprimer ainsi, l'ouvrage d'un homme tellement plein de son sujet, qu'il semble avoir compté pour rien la né- cessité de se rendre intelligible. Ce motif, toujours puissant pour un auteur, devroit le devenir bien davantage, lorsqu'il est question de matières neuves, abstraites et de calculs mathématiques; parce qu'il est impossible, au jugement le plus exercé, de suppléer au défaut de logique, à l'obscurité et aux écarts d'une imagination trop active.*

Ce seroit bien à tort, si l'on me soupçonnoit de vouloir ravir à M. L<small>EBRUN</small>*, une partie des avantages qu'il a pu se promettre de la publicité; et, en effet, à quoi pourroit me servir d'afficher des connois- sances en* A<small>RCHITECTURE</small> ? *lorsque je n'ai jamais suivi cette carrière; lorsque je n'ai la volonté, l'âge ni les talens qui peuvent y faire espérer des succès !*

*Je n'ai donc pu que vouloir parer, autant qu'il étoit en moi, aux inconvéniens d'une rédaction trop peu soignée; ensuite, ajouter quelque chose, si je le pouvois, à l'intérêt que présentoit, par lui- même, un ouvrage annonçant des vues profondes, ouvrant, à l'*A<small>RCHITECTURE</small>*, une route nouvelle et pouvant donner une direction salutaire à l'étude de cette science.*

Si j'ai réussi, l'auteur n'aura pas à se plaindre: mais, loin de prétendre à la plus légère portion des éloges qu'il pourra mériter; je me fais un devoir rigoureux de déclarer formellement: que tout ce qui sera jugé bon, lui doit être exclusivement attribué; que je prends, d'avance, sur mon compte, tout ce qui sera reconnu défectueux sous les rapports littéraires; libre à lui de l'indiquer et le méconnoître. Je n'excepte, absolument que les démonstrations; parce que je les ai scrupuleusement conservées quant au fond; parce que je n'ai touché à leur rédaction, que le moins qu'il m'a été possible. En un mot, pour prévenir jusqu'à l'ombre même d'une récrimination, je m'engage à représenter le manuscrit et les figures y jointes, toutes les fois que cette mesure seroit jugée nécessaire ou seulement convenable.

J'ai cru devoir cet hommage à la vérité, dans les circonstances où je me trouve. J'ai cru devoir, aux auteurs vivans, ce témoignage public des égards que je pense leurs être dus ; et je me plais à le leur donner, en la personne de Monsieur LEBRUN. *Mais, après lui avoir fait justice entière ; je l'attends, à mon tour, de sa délicatesse ; et je soumets à tout lecteur sensé, le jugement de ma conduite et des motifs qui m'ont dirigés , dans cette déclaration.*

JOUBERT ,

Graveur, membre de l'Athénée des Arts.

AVIS AUX CONTREFACTEURS.

JE soussigné , déclare avoir cédé à M. F. E. JOUBERT , graveur , la propriété pleine et entière , d'un ouvrage de ma composition , ayant pour titre : *Théorie de l'architecture grecque et romaine , déduite de l'analyse des monumens antiques, etc.* ; consentant qu'il en jouisse et le publie , avec mon nom porté en titre et sur chaque planche , comme chose à lui appartenante ; renonçant formellement en sa faveur, à l'effet de la loi *du 19 juillet* 1793, aux dispositions de laquelle je le subroge en tout ce qui me concerne comme *auteur......* Je m'oblige envers mon dit sieur JOUBERT , à ne publier , ni faire publier , par qui que ce soit , aucun ouvrage pouvant remplacer ou nuire à la publication de celui-ci ; à peine de tous dépens, dommages et intérêts. Paris, ce 28 novembre an XIV.

LEBRUN.

Nota. Le dépôt des exemplaires , ordonné par la loi du 19 juillet 1793, a été fait à la Bibliothèque impériale.

THÉORIE

DE

L'ARCHITECTURE GRECQUE ET ROMAINE,

DÉDUITE

DE L'ANALYSE DES MONUMENS ANTIQUES.

Par M. Louis LEBRUN, de Douay, ARCHITECTE;

Ancien élève de l'école de Peinture; de celle Polytechnique; et dessinateur de l'expédition du capitaine BAUDIN.

PREMIÈRE PARTIE.

PRÉSENTER la théorie de l'ARCHITECTURE *antique*, pour établir que l'ARCHITECTURE, considérée en général, ne sauroit être *belle* qu'autant qu'elle est *bonne*; et que sa *beauté* tient à un *principe immuable*, inaperçu jusqu'à ce jour : tel est le but de cet ouvrage.

Cette entreprise a des difficultés, sans doute; elle aura des contradicteurs. Les préjugés et la routine éleveront la voix; tel est le sort des idées nouvelles; il faut du tems pour démontrer leur justesse et les faire adopter.

Encouragé par les résultats d'un grand nombre d'*analyses* de monumens *Grecs* et *Romains*, j'ai cru voir la possibilité de résoudre, au moins une partie du problème de cette ARCHITECTURE *antique*, célébrée avec tant de raison et constant objet de nos efforts imitateurs.

Quelque soit le succès qui m'attend; satisfait d'ouvrir une route nouvelle, qui puisse accélérer les progrès de l'ARCHITECTURE *moderne*, je laisse à d'autres et sans regret, le soin de perfectionner mon travail, en ajoutant à mes vues, à mes recherches, à mes développemens, à mes preuves. Nous n'avançons dans la carrière des sciences, qu'en profitant des lumières et des travaux de ceux qui nous ont précédés. S'il nous falloit tout devoir à nos propres études, partir du même point, aller du même pas, les connnoissances de l'homme resteroient imparfaites et bornées.

Prétendre que la *belle* ARCHITECTURE ne soit fondée que sur l'*observation*; et qu'il suffit, pour en produire, ou d'avoir du *génie*, ou d'imiter machinalement les bons modèles que nous offre l'*antiquité;* ce seroit reconnoître les *effets*, sans convenir des *causes*. Le tâtonnement réussit quelquefois, on le sait, on en a fait l'expérience; mais, il n'en est pas moins la preuve de l'ignorance et l'enfant du hasard; et, presque toujours, il doit amener le manque de *proportions*, puisqu'il n'a point de *base* pour les établir. De là résulte *excès* ou *défaut* de matière, dans la *construction*. Dans le premier cas, il y a *lourdeur* dans l'*apparence* de l'édifice et dépense superflue. Dans le second, il y a *maigreur* (1) sans économie; et l'on tenteroit en vain de détruire la seconde, au moyen des ornemens; parce qu'elle existe, alors, dans les masses elles-mêmes et non pas dans leurs détails.

Pour obtenir des succès assurés et constants, il faut donc connoître les raisons qui, dans un édifice universellement reconnu pour *beau*, ont déterminées certaines *proportions*, de préférence à telles

---

(1) Ces deux expressions ne sont pas très-françaises, dans le sens figuré qu'elles ont ici; mais elles sont usitées dans la langue des arts et je ne connois point de termes, qui puissent rendre, avec exactitude, ce que les artistes entendent par ces mots. (*Note de l'éditeur.*)

autres. Il faut savoir que ces mêmes *proportions* qui, seules, constituent la *beauté*, sont assujetties aux lois générales de l'univers, et comment l'effet de ces mêmes lois s'opère.

L'habitude et le préjugé qui s'obstinent à classer l'ARCHITECTURE parmi les *arts d'imitation ;* le sentiment intérieur de cette vérité : que la nature n'a rien laissé à faire au hasard, et qu'il devoit y avoir un *type architectonique*, ainsi qu'il en existoit pour les *beaux-arts ;* sont deux causes qui, toujours, ont empêché d'examiner, même légèrement, s'il y avoit une analogie véritable entr'eux ; et, pourtant, il n'eût fallu qu'un peu d'attention pour nous conduire à des résultats bien différens de ceux qu'on a cru, jusqu'à ce jour, exister réellement.

Dans les *arts d'imitation*, le *type* est apparent et matériel ; les *formes* sont déterminées par la nature ; et la prétendue liberté, dont on répète que le *génie* est en possession, ne consiste, absolument, qu'à varier leurs *rapports*.

Dans l'ARCHITECTURE, au contraire, le *type* est invisible et purement intellectuel ; les *formes* sont entièrement au choix du *génie ;* mais les *rapports* entre elles, sont rigoureux et co-ordonnés par la *science*.

Au moyen de cette distinction, bien facile à saisir, dès qu'on auroit voulu s'en occuper, la différence entre l'ARCHITECTURE et les *beaux-arts*, eût été facile à reconnoître ; les contradictions eussent été expliquées, les opinions concordantes, les préceptes invariables ; et, l'ARCHITECTURE, pour n'avoir pas la même origine, les mêmes procédés, les mêmes résultats que les *arts d'imitation*, n'en eût pas été, dans son objet, moins brillante et moins honorée.

Si tout est positif et motivé chez elle, ainsi que cet ouvrage tend à le démontrer, il existe donc un *principe* indépendant du *génie* et du goût, étranger à toutes les variations qu'ils peuvent introduire et dont l'observation porte, avec soi, le cachet de la perfection même.

Remonter à la source de ce *principe ;* le développer au moyen de l'architecture *antique ;* appeler en témoignage ses productions les plus estimées ; obtenir par leur comparaison et leur *analyse*, une série de conséquences inattaquables : telle est la marche que j'ai tâché de suivre.

Un examen attentif et des calculs étayés d'expériences multipliées, m'ont convaincus que ce *principe* étoit la STABILITÉ. Cette modification de la *matière* étant, elle-même, un résultat mathématique, produit l'immutabilité, c'est-à-dire, un état de repos indéfini : mais, alors, il en faut inférer que ce même *principe* réside *essentiellement* dans la *science ;* qu'on s'est abusé en le cherchant ailleurs ; que l'ARCHITECTURE doit toujours être *une ;* et lorsque j'emploie ce mot, je n'entends pas *une* dans la conception de ses *produits*, mais dans leur combinaison *élémentaire*.

J'ai divisé cet ouvrage en trois parties :

Dans la première : je développe le *principe* fondamental et générateur des *types* de l'ARCHITECTURE ; lequel doit, constamment, se retrouver dans toutes ses *conceptions*.

Dans la seconde : je démontre, par l'*analyse* des monumens *antiques*, qu'ils sont le produit de ces mêmes *types ;* et que la rigoureuse observation de ce *principe*, détermine, seule, et constitue leur *beauté*.

Dans la troisième : je fais l'application de ce *principe* à l'ARCHITECTURE *moderne ;* et je démontre qu'on ne peut le méconnoître, sans causer la ruine de l'édifice et sans s'éloigner des *beautés* qu'on cherchoit à produire. J'entre en matière (1).

---

(1) Le 24 prairial an XI, l'ATHÉNÉE *des arts* publia le programme suivant, sur la proposition de sa classe des *beaux-arts*.

« 1.º Y a-t-il quelque règle qui puisse servir à juger des » *beautés* de l'ARCHITECTURE et à expliquer les causes de l'ad- » miration que nous font éprouver les restes des édifices » d'*Athènes* et de *Rome*, construits dans les siècles de *Périclès* » et d'*Auguste ?*

» 2.º Y a-t-il un genre de *beauté* relatif à chaque espèce » d'*architecture ?*

» 3.º Ce qui constitue la *beauté* dans chacune, est-il sus- » ceptible d'être appliqué à l'autre, indifféremment ?

» 4.º Le mélange de ces différentes ARCHITECTURES, peut-il » produire des *beautés* réelles ?

» La *classe*, enfin, désireroit connoître sur quels *principes* » sont fondés les *beautés* des différens genres d'ARCHITECTURE, » tels que l'*Egyptien*, le *Grec*, l'*arabesque*, le *Chinois*, etc.

Une discussion intéressante s'étoit ouverte sur cette matière, dans la *classe* même des *beaux-arts* de l'ATHÉNÉE, et cette société, probablement, auroit vu se réaliser le vœu qu'elle avoit émis et sortir, de son propre sein, un travail fait pour l'honorer, lorsque des considérations particulières le firent abandonner.

Quelque tems après la circonstance que je rappelle, le hasard m'ayant fait avoir communication de l'ouvrage de M. LEBRUN, je fus frappé de l'*analogie* qu'il avoit avec le programme qu'on vient de lire et dont je crois pouvoir attester que l'auteur n'avoit aucune connoissance. J'ai cru faire un acte d'utilité

L'ARCHITECTURE

L'ARCHITECTURE est une fille des mathématiques ; car , rigoureusement parlant , sa théorie est une affaire de *calcul* ; et les moyens dont elle fait usage , pour rendre *visibles ses conceptions* diverses , ne sont , absolument , que ceux employés par la *géométrie*. L'ARCHITECTURE est donc une *science* (1).

L'ARCHITECTURE ayant pour objet la *composition* des édifices de tout genre , je crois la définir avec exactitude , en disant qu'elle est la *science de l'art de bâtir*.

On la divisée jusqu'à ce jour en *civile*, *navale* et *militaire*. Il n'entre pas dans mon plan de m'occuper des deux dernières ; ainsi je n'en parlerai plus.

L'ARCHITECTURE *civile* ayant spécialement pour objet , les édifices publics et particuliers , se divise naturellement en deux branches.

La première , devroit être appelée *monumentale* ; et la seconde pourroit retenir , plus particulièrement , la dénomination de *civile* qu'elle partage avec l'autre , assez mal à propos.

C'est de l'ARCHITECTURE *monumentale*, exclusivement , dont il est question dans cet ouvrage : 1.° parce qu'elle fournit plus particulièrement l'idée d'une construction en *pierre* ; 2.° parce que les monumens *antiques* sont , effectivement les seuls , où le *principe* que je me propose de développer , ait pu se manifester dans toute son exactitude , à raison de l'homogénéité des *matériaux* employés à leur construction.

Les édifices particuliers ne peuvent , dans aucun cas , offrir les mêmes résultats , ni être considérés sous le même point de vue ; parce qu'ils sont composés d'*élémens*, de nature et de propriétés différentes , et sont soumis à d'autres lois que la *pierre*.

Ensuite , la destination de l'édifice , la configuration de la superficie , la limitation de la dépense , l'impulsion du goût dominant , la volonté des propriétaires , sont autant de causes qui peuvent forcer à ne produire qu'une ARCHITECTURE *arbitraire* et nécessiter l'altération du véritable *principe*, quand bien même il seroit parfaitement connu. Revenons :

Dans l'ARCHITECTURE *monumentale*, l'emploi des colonnes a lieu de deux manières : ou elles portent réellement l'édifice , ou elles ne sont qu'appliquées contre les murs ou *supports* considérés comme *piédroits*.

Ces deux manières de les employer , doivent naturellement diviser l'ARCHITECTURE *monumentale* eu deux parties.

J'appelle ARCHITECTURE *de stabilité* , celle où les colonnes *portent* réellement l'édifice ; et ARCHITECTURE *de décoration* , celle où les colonnes sont seulement *accessoires*.

Je parlerai séparément de chacune ; mais , quelque versé que je doive supposer le lecteur , dans les connoissances relatives au sujet que je traite , je dois , d'abord , fixer le sens que j'attache à ce mot : STABILITÉ ; car , autrement , nous ne pourrions pas nous entendre.

La STABILITÉ , en *architecture*, est l'état de repos de toute construction en *pierre*, dont les parties , isolément considérées , pourroient se soutenir sans le secours et indépendamment de celles qui les avoisinent.

La STABILITÉ peut être *simple* ou *composée*. Elle est *simple*, lorsque les *axes* sont perpendiculaires aux *bases*. Le support M A G K , *fig.* 1. (pl. 2.) en offre un exemple ; et l'état de repos qui le constitue , pourroit se maintenir , *mathématiquement* parlant , quelque élévation qu'il pût acquérir. Je dis *mathématiquement*: parce que , dans la pratique , cet état de repos pourroit être diminué , même détruit par diverses causes ; mais , nous ne sommes occupés que de *théorie ;* il ne faut ni s'écarter ni rien confondre.

Cela posé : si l'on place le fardeau D. L. T. M. sur ce même support M A G K , *fig.* 1. (pl. 2.) de nouveaux *rapports* s'établissent entre ces deux *masses* ; et c'est de la scrupuleuse attention qu'on a de conserver ces *rapports*, tels qu'ils ont été déterminés par la nature , que naît la STABILITÉ, que j'appelle *composée* et base fondamentale de l'ARCHITECTURE.

générale en facilitant la publication de son *manuscrit*. L'ATHÉNÉE , d'après les vues de son institution , distinguera , sans doute , une production dont il a , d'avance , apprécié le mérite et les difficultés ; qui doit faire époque dans la série des connoissances modernes ; et dont l'influence , sur l'étude et l'enseignement de l'architecture , se fera sentir , nécessairement , un peu plutôt , un peu plus tard.

Ma participation , quoique très-légère , aux travaux de la *classe des beaux-arts* et l'avantage d'être compté parmi ses *membres*, m'ont encouragés à hasarder le discours préliminaire que j'ai mis à la tête de cet ouvrage. (*Note de l'éditeur.*)

(1) Voyez le discours préliminaire , où cette question est discutée et résolue. (*Note de l'éditeur.*)

Pour qu'un support soit STABLE, il faut, donc, non-seulement qu'il soit en raison du moindre nombre de ses diamètres ; mais encore, que le *fardeau* placé sur son sommet, soit lui-même STABLE, c'est-à-dire, en repos ; et, jamais, il ne peut l'être, s'il n'est également distribué. Ainsi donc : si C L T A est plus grand que D C A M, il ne peut y avoir de STABILITÉ pour le *fardeau*, sur le *support* ; car le centre de gravité Q étant hors de la ligne C A, la partie en *surplomb* C L T A tend, par son poids, à tomber et, dans ce cas, entraîneroit la partie D C A M correspondante au *support*. Dans cet état, le *fardeau* agit irrégulièrement sur les lits B, et les arêtes horizontales situées dans la hauteur A G peuvent être *froissées*. La pesanteur de la partie du *fardeau* en surplomb, étant plus grande que celle verticale au *support*, il faut, absolument, que M A $=$ A T ; et, seulement alors, les conditions nécessaires à la STABILITÉ se trouvent remplies : car le *fardeau* est STABLE par lui-même et, ensuite, le *support* n'est pas irrégulièrement sollicité sur sa base.

Plusieurs réflexions naissent de ces premiers développemens.

1.º C'est que la STABILITÉ ou la *résistance*, peuvent être prises dans le même sens, en ARCHITECTURE. Ainsi, l'on peut également dire que la STABILITÉ, ou la *résistance* a lieu dans un *support*, en raison inverse de sa hauteur ; de sorte qu'il aura d'autant moins de STABILITÉ, que le nombre de ses diamètres en élévation, sera plus considérable.

2.º C'est que les *élémens* constitutifs de l'ARCHITECTURE, quant au principe, ne sont autre chose que des *supports* et des *fardeaux*. Quelque disposition que le *génie* indique ou que le besoin commande, tout se réduit à la *combinaison* de ces deux espèces de *masses* : *combinaison* toujours très-importante, mais, rarement facile à concilier avec la *pensée* de l'auteur ou, bien plutôt, avec son amour-propre ; car, trop souvent, le *principe* exigeroit le changement, de celles des dispositions auxquelles il tient le plus, dans une *composition*.

3.º C'est que la STABILITÉ et la *solidité*, ne sont pas la même chose et qu'il ne faut pas les confondre ; cette dernière expression bien appréciée, ne pouvant indiquer, relativement à l'ARCHITECTURE, qu'une *liaison* exacte de *matériaux* d'un bon choix, abstraction faite de leur *substance* et des lois particulières ou générales auxquelles ils peuvent être soumis.

4.º C'est que le *ciment* et le *fer*, rigoureusement parlant, peuvent n'être pas employés dans les constructions STABLES ; parce que les pierres dont elles sont formées, doivent se soutenir et par leur *assiette* et par la *combinaison* de leur *coupe*. Néanmoins, les *cimens* y sont d'une grande utilité ; ils empêchent que les *joints* ne soient dégradés par l'action de l'air. Quant au *fer*, lorsqu'il est visiblement la base du repos des plate bandes, il annonce le manque de proportions et par conséquent de STABILITÉ ; et ce cas a lieu, lorsque les centres de gravité du *fardeau*, qui doivent correspondre au sommet des colonnes, sont tout-à-fait en dehors des bases.

APPLICATION

Du parallélogramme des forces, aux voûtes en général.

On démontre en *mécanique* : que la *résultante* de deux *puissances* qui agissent suivant les directions des deux côtés d'un parallélogramme rectangle et qui sont entr'elles dans le même rapport, équivaut à une *puissance* qui agiroit dans le sens de la diagonale et qui lui seroit égale.

De la règle ci-dessus, il résulte : qu'en considérant la partie en *surplomb* d'une *voûte*, comme une *puissance* dont l'effort tend, continuellement, à tomber, en vertu de la pesanteur et qui ne cède à cette action, que lorsqu'elle est retenue sur son *piédroit*, par une puissance égale et qui agit en sens directement opposé ; il résulte, dis-je, que la partie en *surplomb* de cette *voûte*, ne reste en état de repos, qu'autant que la partie opposée, correspondante au *support*, lui est égale. Or, ces deux parties du *fardeau* ayant une épaisseur commune, on en pourra faire abstraction : de sorte que, pour obtenir le repos d'une *voûte* et par conséquent la largeur de ses *piédroits*, il suffira de diviser la moitié de sa surface en *surplomb*, par sa hauteur. Ainsi, *fig.* 2, (pl. 2.) on a $\frac{B\,C\,D\,G}{B\,G} = Q\,G$.

Toutes les *proportions* de l'ARCHITECTURE sont fondées sur cette règle de mathématiques ; et son application au *support* et au *fardeau* va produire l'*arcade* et la *porte carrée*, TYPES RADICAUX de la

SCIENCE dont nous traitons; et, lesquels, combinés diversement et modifiés à l'infini par le *génie*, ont enfanté les miracles de l'ARCHITECTURE *antique*, objet de notre admiration.

DES DEUX TYPES RADICAUX DE L'ARCHITECTURE.

*L'*ARCADE *est le type radical des voûtes circulaires.*

La porte *sous plate bande ou* carrée, *est le type des voûtes* plates.

DE L'ARCADE,

Ou type radical des voûtes circulaires.

Fig. 3.

Puisque l'égalité des *puissances* est déterminée par la règle de la *fig.* 2, (pl. 2); en appliquant cette règle aux *voûtes circulaires*, on obtient un résultat semblable. Ainsi : *fig.* 3,(pl. 2), $\overline{\text{M N Z G}}=$ L G.

$\overline{\text{Z G}}$

Les deux surfaces des parties du *fardeau* A L G Z et Z G M N, ne sont point rigoureusement équivalentes, parce que le triangle G O N est immensurable; mais la mesure, en nombre rond, de ce triangle, donnant une quantité très-peu plus grande et qui se trouve au profit du *support*; on peut se dispenser d'une exactitude mathématique, et faire abstraction des fractions, parce que les infiniment petits échappent à nos sens. Ainsi, pour obtenir le gain que font, et le *support* et les égalités qui se déduisent du *type radical* de l'arcade, il faut négliger la fraction $\frac{1}{7}$ du rapport du diamètre à la circonférence 7 : 22.

D'après cela, la surface du cercle inscrit au carré en est les trois quarts. La surface du triangle G O N et celle du rectangle R A Z O en sont la seizième partie; ou, ce qui est la même chose : le triangle et le rectangle valent chacun le carré de la moitié du rayon. Dans ce cas, les deux parties du *fardeau* peuvent être considérées comme équivalentes en surface et en solidité, puisque R O L G = Z O M N.

A l'égard des *supports* : il faut observer que la moitié du *fardeau* n'agit contre le *support*, qu'en raison de l'éloignement de son centre de gravité, de la verticale Z G. Or, ce même centre se trouve dans la direction P A mené du centre K, puisque A P G L = A P M N. Cela posé : le centre commun des deux parallélogrammes A M R N, A Z G L, est en O, dans la direction Q C; d'où résulte, par l'augmentation du triangle incommensurable O N G, que le centre de gravité doit être situé de O en P; et, quoiqu'il y ait égalité de pesanteur entre la partie d'aplomb au *support* et celle en surplomb; Z G M N qui est celle en surplomb, tire ou pousse A Z L G, en raison de l'éloignement du centre de gravité situé sur O P de la verticale Z G; car si ce centre étoit dans la direction de cette même verticale, il n'y auroit plus de poussée et l'action du *fardeau* en surplomb seroit anéantie.

Les choses étant ainsi : si l'on divise la surface de la moitié de l'arcade en surplomb, par la largeur L G, on aura un rectangle L G I V, considéré comme *support* et dont la surface sera équivalente à cette moitié d'arcade. D'où je conclus, les épaisseurs des *supports* et *fardeau* étant communes, que les *supports* sont égaux au *fardeau*, en surface et en solidité; et, que ces mêmes *supports* ont une force d'inertie suffisante, pour resister à l'effort de la voûte; c'est-à-dire, supérieure à cet effort : car l'ARCHITECTURE doit regarder comme insuffisant et rejeter tout ce qui n'offriroit que le seul état d'*équilibre*; parce que dans une telle situation, les *supports* peuvent être renversés par l'action du *fardeau*.

De cette égalité entre les *supports* et les *fardeaux*, il résulte que la hauteur du vide de l'*arcade* vaut deux fois sa largeur; et la hauteur des *supports*, six fois leur diamètre; proportion qui engendre la colonne *dorique grecque*.

Il est à remarquer que l'*arcade* ne peut avoir ses supports égaux au fardeau, que dans le cas où son épaisseur à l'endroit de la clef, se trouve moindre que le quart de son diamètre, ou, tout au plus, égale à ce quart.

De sorte que les *arcades* qui ont l'épaisseur de leur voûte, moindre que le quart du diamètre, peuvent bien avoir leurs *supports* égaux à leur *fardeau*; mais, celles qui ont la hauteur de la charge sous clef plus grande que le quart de ce diamètre, ne peuvent pas avoir la même propriété; parce que les *supports* n'augmentent qu'en largeur; car s'ils augmentoient en hauteur, il en résulteroit un manque de STABILITÉ; puisque, alors, ils auroient d'autant moins de résistance, que leur centre de gravité seroit plus élevé. Dans ce cas, pour que les *supports*, dans l'*arcade*, soient toujours STABLES, il faut, lorsque la charge sous clef est plus forte que la moitié des rayons, que le vide de l'*arcade* n'ait, jamais, une hauteur plus grande que deux fois sa largeur.

Lorsque les *arcades* ne sont pas dans le cas d'avoir leurs *supports* égaux à leur *fardeau*, elles ne conservent pas moins une égalité entre leurs parties en surplomb et celles qui correspondent aux *supports*.

DE LA PORTE SOUS PLATE BANDE,

OU :

Type radical des voûtes plates.

FIG. 4.

La largeur E C du *support*, étant déterminée par la règle de la *fig.* 2, (pl. 2); il est évident que C H lui est égal et que le centre de gravité G du *fardeau*, doit être sur le prolongement C Q du *support*.

On a dans ce *type*, les plus courts supports de l'ARCHITECTURE, en établissant une hauteur de vide, qui soit double de sa largeur; et, dans ce cas, les *supports* sont égaux aux *fardeaux*; car, ils ont pour hauteur le double de ce même *fardeau*.

Ainsi : la surface du *fardeau* K D H E, étant divisée par la largeur E C du *support*; et les deux parties K Q C E et Q D H C de ce *fardeau*, étant supposées l'une sur l'autre, offrent un rectangle E C S V, considéré comme *support*, dont la surface est équivalente à celle du *fardeau* K D H E, et dont la hauteur, qui vaut quatre diamètres, engendre la colonne de la plus courte proportion et connue sous le nom de *poestum*.

Il est facile, à présent, d'apercevoir que l'*arcade* et la *porte carrée* sont les deux *types radicaux* de l'ARCHITECTURE; que tous les résultats qu'elle pourra nous offrir, ne seront, jamais, qu'un assemblage, une multiplication de ces deux portes; et que dans toutes les dispositions qu'on pourra faire le *génie* de l'architecte, il faudra retrouver les propriétés qui leur sont inhérentes, c'est-à-dire, le *principe* d'égalité entre les *vides* et les *pleins* et entre les *supports* et les *fardeaux*; car, le seul but de la *science*, doit être l'étude et le maintien de l'ordre établi par la nature. Etudions sa marche, et nous verrons que l'homme n'est, jamais, que son instrument. Un premier *support* est élevé; ses *dimensions* peuvent être *arbitraires*, aussi long-tems qu'il reste *isolé*; mais, dès qu'il reçoit un *fardeau*, des *relations* s'établissent entre ces deux *masses* et leurs *proportions* ne peuvent plus être indifférentes. Ajoutez un second *support* à ces deux *masses* et la porte est construite. A côté cette première, élevez en une seconde, une troisième, une quatrième, une cinquième enfin, et voilà les *types des frontispices* établis. Les *rapports* se sont multipliés, sans doute, mais le *principe* générateur n'a pas changé. Vous pouvez détruire une portion de ce premier résultat de l'*art* de bâtir et le reste n'en subsistera pas moins. Pourquoi? parce que chacune de ces parties est indépendante des autres et ne tient pas ses moyens de conservation, de leur voisinage et de leur concours.

Il y a quatre types de frontispices, et l'on va voir qu'il ne peut y en avoir davantage.

Le *support* résultant de la *fig.* 4, (pl. 2), produit un premier *type* composé de quatre *supports* d'autant de diamètres, *fig.* 7, (planch. 3.)

Le *support* résultant de la *fig.* 3, en produit un autre, *fig.* 8, (pl. 3), de six *supports*, d'autant de diamètres et ne participe à sa formation, que sous ce seul *rapport*.

Les deux autres *types*, *fig.* 9 (pl. 4.) et *fig.* 10 (pl. 5.), sont un développement progressif et régulier des deux premiers, lequel pourroit se multiplier davantage, encore, en *théorie*, il n'y a pas de doute; mais dans la *pratique*, deux raisons s'y opposent : 1.° Un *support* devant perdre en

STABILITÉ,

STABILITÉ, à mesure qu'il acquiert en élévation ; l'expérience a convaincu les architectes de l'*antiquité*, (leurs monumens l'attestent) que la *proportion* de dix *diamètres*, étoit celle à laquelle il convenoit de s'arrêter ; ils ne se sont donc jamais écartés de cette règle. 2.° Si l'on prétendoit établir un cinquième *type* de frontispice, on éprouveroit d'après la manière dont les *supports* et le *fardeau* se doivent combiner, qu'il ne resteroit pas, de ce dernier, une partie suffisante à l'établissement du fronton. Donc le nombre des *types de frontispices* est déterminé par les lois de la nature.

Puisqu'ils doivent être composés d'un *fardeau* équivalent au nombre de leurs *supports*, examinons les *rapports* existans entre les deux *masses* qui composent la *figure* 7 (pl. 3.) ; et voyons si les conditions imposées par le *type radical* sont remplies.

DES TYPES DE FRONTISPICES.

Du type de quatre supports d'autant de diamètres.

FIGURE 7, PLANCHE 3.

Soit H B = 4 H S; I H = 2 H S ; ou H B = 2 H I et B A = 2 H B. le parallélogramme H B A N est double de celui I H N G qui , ayant la même base, n'a que la moitié de la hauteur du premier. La surface des quatre *supports* égale celle, ou des trois vides, ou d'un parallélogramme qui auroit pour hauteur celle d'un *support*, et pour base, quatre fois sa largeur. La surface des vides ou intervalles , égale un parallélogramme qui auroit pour hauteur celle du *support*, et pour base , la somme des intervalles. En effet , outre que la hauteur de ces deux parallélogrammes est la même , leur base l'est aussi ; car B A , qui contient la largeur des *pleins* et des *vides*, équivaut à huit diamètres , puisque H B , qui vaut 4 H S , est compris deux fois dans B A ; et comme il y a quatre *supports*, il reste donc la valeur de quatre diamètres pour les trois intervalles : d'où résulte, les épaisseurs étant communes , que les *supports* sont égaux au *fardeau*, et les *vides* égaux aux *pleins*.

Le même raisonnement s'applique aux trois autres *types de frontispices* de 6, 8 , 10 *supports* d'autant de diamètres en hauteur, *fig.* 8 , (pl. 3) , *fig.* 9 , (pl. 4), *fig.* 10 (pl. 5) ; car , il est évident qu'ils ont, aussi , leurs *supports* égaux aux *fardeaux* et les *vides* égaux aux *pleins* ; puisque les *fardeaux* ont pour hauteur , la moitié de celle des *supports*, et que ces derniers sont compris dans un parallélogramme qui a, de même , pour *hauteur* , la moitié de sa *base*.

Les *fardeaux* des *types de frontispices* ont deux parties : l'*entablement* et le *fronton* , lesquels ont , toujours , dans chaque *type* , une hauteur constante.

Les *frontons* des *types* doivent avoir une hauteur égale à celle de l'*entablement* et contenir le tiers du fardeau.

La *masse* qui compose ces deux parties , dans les frontispices *engendrés*, devant, toujours , conserver les mêmes *rapports* que celle du *type* dont elles sont déduites ; il faut que le frontispice composé des colonnes les plus courtes , c'est à-dire, de la plus grande STABILITÉ, conserve l'entablement du *type* avec une moindre inclinaison de *fronton* ; et , qu'au contraire , le frontispice de colonnes les plus longues , c'est-à-dire , de la moindre STABILITÉ, conserve l'inclinaison du fronton du *type* avec un entablement de moindre hauteur.

Cela posé : *fig.* 7 , (planch. 3), la diagonale Z Q coupant I T en deux parties égales au point O , I Z O = O T Q ; ainsi le fardeau n'a pas changé de valeur. Ensuite, I Z étant le tiers de I H et , en même tems , égal à Q T moitié de Q P , il en résulte que Z H et Q P sont égaux, puisqu'ils comprennent chacun deux Z I.

De ces deux égalités , résulte encore : que l'entablement des *types* vaut le tiers des *supports*, car , Z H vaut un diamètre un tiers ; et que l'inclinaison de leurs *frontons*, vaut 18 ᵈ. 26 ; car , Q P qui vaut le tiers de la base Z P, indique le sinus d'un angle qui a pour mesure le tiers du rayon.

DES PORTES

Engendrées des deux types radicaux.

Les constructions *élémentaires* que nous venons d'examiner , n'offrent , encore , à l'œil que des *masses*, où le *génie* n'a point de part. Elles ne sont , en quelque sorte , que la science *matérialisée*, dont le produit est rendu *visible* au moyen de la *pierre*. Bientôt, nous allons voir l'ARCHITECTURE développer ses *conceptions*, prendre un caractère véritable et ses *produits* commander l'admiration ; si l'architecte à su respecter les *rapports* éternels qui régissent les objets créés et concilier les inspirations du *génie* avec le vœu de la *science*.

Les deux *types radicaux* dont nous avons vu la formation, *fig.* 3 *et* 4 (pl. 2.), engendrent, chacun, une espèce de porte.

La première *fig.* 5, (pl. 2), est *ceintrée* : elle est soutenue par des colonnes, qui ne sont autre chose que les *supports* du *type*, arrondis par leur *plan*. Cette *arcade* à le diamètre de son sommet égal au quart du vide ; et la base des *supports* étant augmentée d'un cinquième de leur sommet, les colonnes se trouvent avoir pour hauteur cinq de ces diamètres, et ceux du sommet sont à ceux des bases, comme 6 : 5. L'archivolte a pour largeur la moitié du *fardeau*; la hauteur de l'imposte vaut cette largeur, qui égale celle de la moitié du sommet de la colonne. On peut inférer de là : que les chapiteaux des colonnes de quatre, cinq, six, huit diamètres, ont pour hauteur, la moitié de leur sommet. La hauteur du chapiteau de la colonne de dix diamètres est égale à celui de son sommet.

La deuxième porte, *fig.* 6, (pl. 2.), est *engendrée* du *type des voûtes plates*, *fig.* 4, (pl. 2) ; elle a pour hauteur, le double de sa largeur. La surface perpendiculaire du chambranle a pour largeur, le sixième du vide. La corniche, la frise, la traverse du chambranle considéré comme architrave, ont également, chacune, ce même sixième pour largeur.

Il faut remarquer ici : que le rapport du chambranle au vide de la *fig.* 6, (pl. 2), est précisément le même que celui du support au vide du *type radical*, *fig.* 3, (pl. 2) : ce qui établit que tous les corps de moulures se déduisent également des *types* et que rien n'est *arbitraire* en ARCHITECTURE.

DES FRONTISPICES ENGENDRÉS.

Considérés en général.

Chacun des *types, fig.* 7, 8, (pl. 3.) 9, 10, (pl. 4 et 5), *engendrent*, à leur tour, des *frontispices*, de la même manière et avec les mêmes conditions que les *types radicaux* ont *engendré* les portes ; c'est-à-dire, qu'ils doivent avoir autant de colonnes d'un même nombre de diamètres que les *types* ont, eux-mêmes, de supports et de diamètres.

Le *type radical* des *types* de frontispices, *fig.* 4, (pl. 2), ayant des *supports* égaux au *fardeau* et l'intervalle des *supports* égal à deux diamètres : il faut que les *frontispices* engendrés par les types, *fig.* 7, 8, 9, 10, aient aussi leurs intervalles dans le même *rapport;* et, comme les *supports* des *types* sont égaux aux *fardeau*, il faut encore que cette *propriété* se retrouve, et dans les *frontispices engendrés*, et dans les *combinaisons* que nous verrons tout à l'heure en dériver.

DU FRONTISPICE DE QUATRE COLONNES,

ENGENDRÉ *du* TYPE *de quatre supports d'autant de diamètres.*

FIG. 11, PL. 6.

Le frontispice de quatre colonnes d'autant de diamètres, indique les supports les plus STABLES, c'est-à-dire, les plus *courts*. Son entablement à la plus grande hauteur qu'on puisse obtenir, quant au *principe* ; car, la STABILITÉ étant en raison inverse de la hauteur des corps, les entablemens seront d'autant plus élevés, que les colonnes auront un moindre nombre de diamètres. L'entablement de ce frontispice, doit donc avoir une hauteur égale à celle de l'entablement du *type* dont il est ENGENDRÉ ; car, on ne peut obtenir, quant au *principe*, d'entablement plus haut, ni de colonnes plus courtes.

L'architrave de cet entablement a, aussi, la même largeur que celle du *type;* car, l'intervalle du *frontispice engendré*, valant deux diamètres du sommet, les quatre colonnes et les trois entre-colonnemens, valent, ensemble, dix diamètres de ce sommet. Or, comme les colonnes de quatre diamètres, qui sont les plus diminuées de toutes, ont leur base et leur sommet :: 5 : 4, chacun des diamètres du sommet, équivaut les quatre cinquièmes du diamètre de la base. Or, 10 × 4 = 8 × 5. Donc l'architrave du *frontispice engendré* est égale à celle du *type;* car, les dix diamètres du haut valent les huit de la base; et, ensuite, les dix diamètres du haut, ou les huit de la base, valent, également, deux fois la hauteur de la colonne.

Puisque l'entablement de ce frontispice ne peut être plus élevé, l'inclinaison du fronton de cette *figure* 11, (pl. 6), qui est de 13 d. 8, est la moins forte que puissent avoir les *frontispices engendrés;* car, à mesure que les colonnes diminuent de STABILITÉ, les entablemens diminuent de hauteur, et les inclinaisons de fronton augmentent.

La diminution des *supports* au sommet, devant avoir lieu pour en former des colonnes, la hauteur du *fardeau* du *frontispice* se trouve moindre que celles des *types;* car, le *rapport* du *fardeau* au *support* qui étoit dans le *type*, comme 1 : 2, est devenu dans *le frontispice engendré*, comme 1, 35 : 3 (1).

La surface apparente des quatre colonnes, considérées, chacune, comme des trapézoïdes réguliers, étant divisée par la longueur de l'architrave, donne une hauteur de *fardeau* qui est à celle des colonnes, selon ce même *rapport*, et sa surface est équivalente à celle de ces mêmes colonnes. De sorte que c'est dans ce *fardeau*, qu'il faut trouver la hauteur de l'*entablement* et l'angle du *fronton*.

En opérant ainsi pour les autres *frontispices engendrés*, on aura un *fardeau* qui sera égal en surface à celle des colonnes, et dans lequel on trouvera toujours l'*entablement* et l'angle du *fronton*.

Les *frontispices engendrés* des *types* de 6, 8, 10 supports d'autant de diamètres, ont des architraves d'une extension plus grande qu'elle ne l'est dans les *types;* car, les architraves des colonnes de 6, 8, 10 diamètres, sont au diamètre des bases, comme 13, 33 : 6; comme 18, 33 : 8; comme 23, 33 : 10.

Les colonnes du *frontispice engendré* du *type de six supports* d'autant de diamètres, *fig.* 12, (pl. 6), ayant moins de STABILITÉ que celles de quatre, l'entablement a aussi moins de hauteur. Pour l'obtenir, il faut prendre un terme moyen entre le tiers et le quart de cette colonne, lequel tiers étant égal à 1,75, on a le rapport 6 : 1,75 pour cet entablement.

Cet entablement étant déterminé, la hauteur totale de la partie restante du *fardeau*, est à celle des colonnes, comme 1, 255 : 3. On y trouvera l'inclinaison du fronton qui se trouve être, ici, de 14 d. 30.

L'entablement du *frontispice engendré* du *type de huit supports*, *fig*, 13, (pl. 7), est égal à un terme moyen, pris entre le quart et le cinquième de la colonne. De sorte que le *rapport* de cet entablement à sa colonne est, comme 8 : 1,8.

L'inclinaison du fronton est de 17 d. et la hauteur du *fardeau* est à celle des colonnes, comme 2 : 5.

Le *frontispice engendré* du *type de dix supports; fig.* 14, (pl. 8), est celui dont l'architrave a le plus d'extension et dont les colonnes ont le moins de STABILITÉ. Son fardeau est aux colonnes, comme 1, 965 : 5.

Dans ce *frontispice*, l'inclinaison du fronton est, à peu de chose près, semblable à celle du *type*, pour un entablement dont la hauteur est la cinquième partie des colonnes; c'est-à-dire, de 18 d. 19. Il arrive donc, ici, tout le contraire de ce qu'on a remarqué dans le *frontispice* de quatre colonnes, où l'on a vu qu'il conserve l'entablement du *type* pour un angle de fronton de la moindre hauteur; car, dans ce *frontispice* de dix colonnes, l'entablement y est de la moindre hauteur, pour l'inclinaison la plus élevée.

DE LA DIMINUTION DES COLONNES.

Les colonnes doivent diminuer à leur sommet; car, si elles étoient comme des cylindres, elles auroient leurs intervalles égaux à ceux du *type radical* et, alors, l'extension de l'architrave ne permettroit pas l'inclinaison du *type*. D'ailleurs, les colonnes étant diminuées, acquièrent une plus grande STABILITÉ; parce que leur centre de pesanteur en devient d'autant moins élevé.

Comme la hauteur du fronton du *type*, vaut le sixième de sa base; de même, cette hauteur se reproduit dans le frontispice *engendré* du *type* de dix supports; de sorte que pour obtenir cette hauteur, dans le frontispice où les colonnes sont de la moindre stabilité et qui, par conséquent, doit avoir l'entablement de la moindre hauteur, il faut que les colonnes diminuent, à leur sommet, d'un sixième de leur base.

(1) J'avertis, une fois pour toutes, que la virgule placée à la droite des premiers chiffres annonce, toujours, que ceux qui la suivent sont des *décimales.*

Cette diminution n'est pas , rigoureusement parlant, d'un sixième ; parce qu'il y a une différence de 9 minutes, entre l'angle du fronton du *type* et celui du frontispice *engendré* ; mais , comme cette différence, très-légère en elle-même et dans le calcul , devient, tout-à-fait, insensible dans la pratique , elle ne sauroit attaquer et nuire au *principe* de *beauté* résultant de l'exactitude des rapports déterminés par la nature. On peut donc négliger ces sortes de fractions , afin d'obtenir, en nombre rond , la diminution des colonnes de ce diamètre.

La diminution des colonnes varie suivant le nombre de leurs diamètres. Les colonnes les plus STABLES étant celles qui diminuant le plus à leur sommet ; et celles de quatre diamètres, diminuant d'un cinquième, parce que la longueur et la hauteur de l'architrave du frontispice *engendré*, sont les mêmes que dans le *type* ; ou a les *rapports* suivans entre les bases et le sommet des colonnes de 4, 6, 8, 10 diamètres : pour celles de quatre , les bases sont aux sommets :: 6 : 4,8. Pour celles de six :: 6 : 4,87. Pour celles de huit :: 6 : 4,93 ; et enfin pour celles de dix :: 6 : 5.

DES BASES DE COLONNES ;

Considérées comme moulures.

Les *bases* sont , à la rigueur, une sorte d'empâtement, dont le but est d'augmenter la STABILITÉ. Donc, plus les colonnes sont courtes et moins les *bases* sont nécessaires. Les *anciens* étoient tellement convaincus de cette vérité, qu'ils n'en ont point donné aux colonnes de quatre et six diamètres. Quant à celles de huit et dix , on a les rapports suivans ; 8 : 0,4 :: 7 : 0,35 ; et 10 : 0,5 :: 9 : 0,45.

DES GRANDS CORPS DE MOULURES.

De l'entablement ; du fronton ; des corniches des acrotères.

La *fig.* 14, (pl. 8), qui indique un *frontispice engendré* du *type de dix supports*, auroit, exactement, la hauteur de son *fardeau* égale à quatre diamètres de base, si ce même *fardeau* étoit aux colonnes, comme 2 : 5. Son vrai rapport est comme 1, 195 : 5 ; mais on peut adopter le précédent sans craindre d'altérer les proportions , parce que la différence de l'un à l'autre est insensible.

L'entablement d'une colonne de dix diamètres , doit avoir pour hauteur, la cinquième partie de cette colonne , dans le *frontispice engendré*, lorsque le grand corps de moulures n'a pas de cimaise ; mais , cet entablement doit avoir davantage, pour des colonnes isolées , lorsqu'il doit porter cimaise. D'après cela , le corps de moulures *horizontal*, étant égal à la sixième partie du fardeau des *frontispices engendrés* ; et le corps de moulures *incliné* du fronton , devant être égal au sommet des plus grandes colonnes ; il faut augmenter le corps *incliné* , du quart du corps *horizontal*.

Ainsi, *fig.* 14, (pl. 8), on trouvera : que dans ce frontispice, le corps *horizontal* auroit les quatre cinquièmes du sommet des colonnes, si la hauteur du *fardeau* étoit exactement aux colonnes, comme 2 : 5 ; et , dans ce cas , le corps incliné étant augmenté de son quart, seroit égal au sommet des colonnes. D'où l'on peut conclure, attendu la petitesse extrême de la fraction : que les grands corps de moulures, portans cimaise, sont égaux aux sommets des colonnes de dix diamètres ; et que la moindre hauteur d'entablement de colonnes isolées , de la moindre STABILITÉ et qui porte cimaise, vaut les deux neuvièmes de la colonne.

Comme le grand corps de moulures des entablemens *horizontaux*, équivaut à la sixième partie de la hauteur du *fardeau*, il en résulte encore : que les corps de moulures de frontispice, diminuent, à mesure que les colonnes augmentent de STABILITÉ ; puisque, alors, les *fardeaux* diminuent de hauteur. Le corps de moulures *horizontal* Q O est trois fois dans l'entablement, qui se trouve la moitié du *fardeau* ; et il ne peut jamais y être moins ; car , cette hauteur d'entablement est la moindre qu'on puisse obtenir. Enfin , il faut remarquer que V Z est en sus du *fardeau*, à cause de la saillie S V.

Les acrotères sont formés par ce qui reste du *fardeau*, après avoir pris la hauteur de l'entablement des *types*, plus le quart de leur grand corps de moulures. Les acrotères ont lieu , dans l'ARCHITECTURE

où

où les colonnes sont isolées et sans fronton, et ils ont la hauteur de leur corniche, équivalente à la douzième partie de la hauteur du *fardeau*.

DES COMBINAISONS
De frontispices engendrés , considérées en général.

La *combinaison* peut se définir : un *resserrement* ou une *extension* du frontispice *engendré*. Quelque soit le mode qu'on veuille employer , elle sera vicieuse, si elle est faite machinalement ; c'est-à-dire , si les *proportions* et les *rapports* commandés par la *science* sont méconnus ou changés.

Le mérite et la difficulté des *combinaisons*, consiste donc, à leur conserver les *propriétés* du frontispice *engendré* dont elles émanent; soit qu'on augmente ou qu'on diminue le nombre des colonnes et, à cet égard , voici les *principes*.

Dans toutes les *combinaisons* où l'on veut mettre un plus grand nombre de colonnes que dans le frontispice *engendré* , la hauteur des colonnes est *invariable* et les intervalles *diminuent*.

Dans les *combinaisons* où le nombre des colonnes est moindre que dans le frontispice *engendré* , la hauteur des entablemens *augmente* et celles des colonnes *diminue*.

DES COMBINAISONS
Du frontispice engendré du type de quatre supports d'autant de diamètres.

L'architrave du *frontispice engendré*, *fig.* 11, (pl. 6), à la même longueur que celle de son *type* , *fig.* 7, (pl. 3); mais, comme la surface apparente des quatre colonnes, est moindre que celle des *supports*, le *fardeau* du frontispice *engendré* a, aussi, moins de hauteur que celui du *type*.

Les *combinaisons* qui dérivent de ce *frontispice* , ayant une extension plus grande que la sienne , les *fardeaux* doivent être, proportionnément, moins élevés.

De sorte que pour obtenir deux *combinaisons* , une de six et une de huit colonnes, il faut : pour celle de six, donner aux intervalles, un quart de moins que dans le frontispice *engendré*; et un tiers de moins , à ces mêmes intervalles, pour celle de huit colonnes.

DES COMBINAISONS
Du frontispice engendré du type de six supports d'autant de diamètres.

Les *combinaisons* de ce frontispice , sont de quatre et huit colonnes. Pour obtenir celle de huit, il faut donner aux intervalles, un sixième de moins qu'à ceux du frontispice *engendré*.

Pour parvenir à la *combinaison* de quatre colonnes , il faut réduire leur hauteur à cinq diamètres trois quarts; et donner à l'entablement le tiers de leur hauteur.

La raison de cette élévation de l'entablement est : que cette *combinaison* ayant moins d'extension que le frontispice *engendré*, la hauteur du *fardeau* doit augmenter ; et, au moyen de la diminution des colonnes et de l'augmentation de l'entablement, l'on obtient une inclinaison de fronton qui participe sensiblement de celle du frontispice *engendré*.

DES COMBINAISONS
Du frontispice engendré du type de huit supports d'autant de diamètres.

Les *combinaisons* de ce frontispice , sont de six et de dix colonnes. Pour obtenir celle de dix , il faut diminuer les intervalles, d'un huitième de la largeur qu'elles ont dans le frontispice *engendré*.

Et dans celles de six , où les intervalles restent ce qu'ils sont ; il faut diminuer la hauteur des colonnes, d'un quart de leur diamètre, et donner à l'entablement, le quart de la colonne réduite.

DES COMBINAISONS
Du frontispice engendré du type de dix diamètres.

Les *combinaisons* de ce frontispice , sont de six , huit et douze colonnes. Les intervalles de cette dernière , diminuent d'un dixième de la largeur qu'ils ont dans le frontispice *engendré*.

Les deux autres *combinaisons* conservent les intervalles tels qu'ils sont, puisqu'elles ont moins de colonnes que le frontispice *engendré* ; mais les deux architraves ayant moins d'extension, les entablemens doivent avoir plus de hauteur. Les colonnes seront réduites à neuf diamètres trois quarts et l'entablement sera quatre fois et demi dans la hauteur de la colonne réduite. Dans la *combinaison* de six colonnes, l'architrave étant plus courte, encore, les colonnes ne doivent avoir que neuf diamètres, et l'entablement sera quatre fois et un quart dans la hauteur de la colonne diminuée.

DES COLONNES PLACÉES LES UNES SUR LES AUTRES,

ou

Des doubles rangs de colonnes.

La *fig.* 15, (pl. 9), indique une disposition de parfaite STABILITÉ pour les colonnes inférieures ; car, A B = B K ; et le centre de gravité G du *fardeau*, se trouve sur le prolongement de la ligne B. Mais les colonnes supérieures ne renferment pas les mêmes conditions qui, néanmoins, sont rigoureuses.

L'axe P de la colonne supérieure est bien perpendiculaire à l'axe I de l'inférieure ; mais, la base N M de la petite colonne, ne pouvant avoir un diamètre plus grand que le sommet A B de la grande ; il en résulte que C D, sommet de la colonne supérieure, est moindre que D H ; et que le centre de gravité E du *fardeau*, est en dehors du sommet D de son *support*. D'où s'ensuit : que l'ARCHITECTURE, composée de colonnes *isolées*, ne peut pas admettre, dans ses *produits*, de second rang de colonnes, placé perpendiculairement sur le premier ; puisque, alors, ce second rang manqueroit, nécessairement, de STABILITÉ.

DE L'ARCHITECTURE DE DÉCORATION.

J'ai dit qu'il falloit entendre par ARCHITECTURE *de décoration*, celle où les colonnes ne sont qu'*accessoires* à la STABILITÉ du monument. Comme cette ARCHITECTURE est fondée sur le même *principe* que celle où les colonnes portent réellement l'édifice, la surface apparente de ces colonnes est équivalente à celle des entablemens ; et la hauteur de ceux-ci, est en raison des entablemens des frontispices *engendrés*.

Cette ARCHITECTURE admet, également, des colonnes de quatre proportions différentes ; et tout ainsi que l'ARCHITECTURE de STABILITÉ produit quatre espèces de frontispice, de même, l'ARCHITECTURE de *décoration* détermine, à son tour, quatre genres de décoration distincts.

Ainsi, dans la forme du *type radical*, on obtient :

1.º Quatre *portes en arcade*, de chacune deux colonnes, soutenues sur des piédestaux et couronnées par des entablemens, qui sont en même raison que dans les frontispices *engendrés*.

2.º Quatre portes décorées, chacune, de deux colonnes ; 3.º quatre niches, également décorées, chacune, de deux colonnes portant fronton, et dont les entablemens, aux portes et corniches, sont en même raison que dans les frontispices *engendrés*.

Pour obtenir les *arcades de décoration*, il faut construire, dans la forme du *type radical*, une *arcade* d'une hauteur double de sa largeur, avec des *piédroits* égaux au vide ; et faire la hauteur de l'architrave égale à l'arcade, plus, deux épaisseurs d'archivolte. On aura dans cette hauteur commune, quatre arcades décorées de deux colonnes chacune, de 4, 6, 8, 10, diamètres, avec des piédestaux dont les hauteurs seront à celle de l'archivolte :: 7,56 : 18 :: 4,76 : 18 :: 4,19 : 18 :: 3,6 : 18.

Les corniches des *attiques* et des *piédestaux*, étant relatives aux colonnes, on obtient celles pour les *attiques*, en prenant le tiers du sommet des colonnes ; et celles des *piédestaux*, seront du tiers des bases de ces mêmes colonnes.

A l'égard des quatre portes de chaque genre, de chacune deux colonnes : on a pour l'architrave de la porte à colonnes de quatre diamètres 6,75 du sommet ; pour celle de six diamètres 7,7 ; pour celle de huit diamètres 9,85 ; et pour celle de dix, 12 diamètres du sommet. Les entablemens sont aux colonnes, comme dans le frontispice *engendré* ; et les portes comprises dans les intervalles, ont pour hauteur, les quatre sixièmes des colonnes.

Quant aux autres niches décorées de deux colonnes : les entablemens étant aux colonnes, comme dans les frontispices *engendrés* qui leurs sont respectifs ; l'architrave de la niche à colonnes de quatre diamètres, vaut 5,67 du sommet ; celle de six vaut 6,5 ; celle de huit vaut 7,8 ; et celle de dix vaut 8,5. Les niches situées dans les intervalles ont, pour hauteur, le double de leur largeur, laquelle est des quatre sixièmes des colonnes ; et les inclinaisons de chacune de ces niches, sont comme dans les frontispices *engendrés*.

Les *arcades de décoration* construites dans la proportion du *type radical*, engendrent chacune une arcade de chaque genre, comprise dans la hauteur du *type*, qui vaut trois largeurs d'arcade. Les entablemens sont, en même raison, que dans les frontispices *engendrés*. Les largeurs des piédroits valent les trois quarts de la moitié du vide ; et les piédestaux sont à la hauteur commune de l'architrave :: 8,4 : 18 :: 5,8 : 18 :: 5,5 : 18 :: 4,8 : 18.

Cela posé : la *fig.* 18, (pl. 9), offre une combinaison de ce genre d'ARCHITECTURE : on y voit deux colonnes de dix diamètres, appliquées contre des supports égaux aux vides ; et comme, dans ce cas, la surface de l'entablement est équivalente à celle des colonnes, sa hauteur est un peu moindre que le quart des colonnes. Celle du grand corps de moulure est égale à leur sommet. La hauteur de l'arcade est double de sa largeur, et l'imposte est égale à l'architrave.

DES VOUTES SUR SUPPORTS,

De leur épaisseur, et du poids qu'elles peuvent porter.

Préliminairement, j'observe que l'ARCHITECTURE qui a pour *principe* la STABILITÉ, ne sauroit faire usage de la théorie connue sous le nom de *poussée des voûtes* ; et plusieurs raisons doivent l'empêcher : 1.º Ses résultats ne procurent jamais que l'état d'équilibre, entre le *support* et le *fardeau* ; état qui n'empêche pas l'action continuelle du *fardeau* contre le *support*, lorsqu'il faut, au contraire, qu'elle soit atténuée. 2.º Ces mêmes résultats trompent nos sens, en offrant à l'esprit des formes dont l'existence paroît un problème. 3.º Avec la pratique de cette théorie, on ne sauroit reproduire aucun monument *antique*.

La *fig.* 19, (pl. 10), (1) qui est semblable à la *fig.* 3, (pl. 2), va me servir à déterminer les voûtes de la plus forte et de la moindre épaisseur, ainsi que les plus grands et les plus petits supports.

Si l'on *carre* les deux lignes C Q et Q V, on trouvera que l'égalité de leurs *carrés* ne diffère qu'au bout de deux décimales. En concluant de leur égalité, elles seront donc, toutes deux, l'hypothénuse commune de deux triangles égaux. Ainsi, la surface du triangle A C Q équivaut celle du triangle C Q K. Cela posé : ayant trouvé par hypothèse (dans la *fig.* 3) que le triangle A Q I est égal en surface au rectangle H Q K B ; on peut en conclure que les surfaces des trois parties en surplomb A C Q, C Q K, A Q I, sont équivalentes entr'elles : car, le rectangle H Q K B est la moitié du rectangle Q H I N qui, lui-même, vaut les deux parties A C Q, C Q K. De ces égalités, il résulte que si l'on retire C V Q K et son opposé H Q B K qui lui équivaut en surface, la largeur du support n'aura point changé de dimension ; puisque, toutes choses égales étant ôtées et les restes étant égaux : si l'on divise la hauteur restante Q I par la surface restante en surplomb, on aura un quotient qui sera égal à la même largeur du *support*.

La partie restante du *fardeau* correspondant au *support*, ayant deux diamètres de hauteur et celle en surplomb lui étant égale, il est évident : qu'en divisant la surface du *fardeau*, par la largeur du *support*, on aura un rectangle O B M C, qui sera de quatre diamètres ; d'où résulte, les épaisseurs étant communes, que les *supports* sont égaux aux *fardeaux* en surface comme en *solidité*.

La voûte concentrique de l'arcade portée par des *supports* de quatre diamètres, indique la plus forte épaisseur des voûtes de ce genre. Ainsi, cette voûte étant maintenue de T en O, d'une hauteur égale à son rayon, ne peut pas l'être plus haut ; car, si du même centre, par exemple, on décrit l'arc C D, l'on aura une tranche concentrique dont la surface, étant évidemment plus grande que celle

(1) J'observe, ici, que l'auteur ayant fait des changemens dans son texte, après la gravure des planches, les *fig.* 16 et 17 se trouvent inutiles ; et les démonstrations données par la *fig.* 19, remplissent le but qu'il s'étoit proposé dans les deux autres. (*Note de l'éditeur.*).

du petit rectangle T D F E, il en résulte que cette voûte ne peut être augmentée d'épaisseur; parce qu'alors, le solide en surplomb étant plus grand que celui correspondant au *support*, détruiroit la STABILITÉ de l'arcade.

Cette épaisseur, augmentée de C V, est égale au quart du diamètre. Si donc, on divise le tout en six parties égales, on aura une voûte A S, dont l'épaisseur sera la vingt-quatrième partie du diamètre, et qui sera maintenue par un mur L O, dont la hauteur est égale à un sinus de 22 d. 30. Cela posé : comme une voûte quelconque n'a point de STABILITÉ, si elle n'est maintenue quelque part sur sa demi-sphère, on ne peut réduire la hauteur de ce mur, sans altérer le repos d'une voûte, fût-elle même sans support.

La voûte de la plus forte épaisseur étant maintenue sur sa demi-sphère, par un mur, dont la hauteur vaut le rayon; et celle de la moindre épaisseur, par un mur dont la hauteur vaut le sinus d'un angle de 22 d. $\frac{1}{2}$; il en résulte : que les cinq voûtes concentriques qui dérivent du *type radical* de l'arcade et qui seront maintenues sur leur demi-sphère, par des murs compris entre ces deux hauteurs, seront toujours STABLES.

Les voûtes étant d'autant plus légères, qu'elles sont d'un diamètre plus petit; celles qui ont à supporter des *fardeaux* étrangers à leur *masse*, telles que les voûtes de pont, sont susceptibles de conserver toute leur épaisseur, parce qu'elles acquièrent, par là, plus de poids. De sorte que des voûtes de pont, depuis six pieds, par exemple, jusqu'à vingt-quatre, peuvent avoir 1,25, et cinq pieds d'épaisseur. Mais, comme la combinaison des proportions n'a lieu qu'en raison des convenances locales, les voûtes pourroient n'avoir besoin que de deux ou trois de ces tranches pour épaisseur. Ainsi, une voûte de vingt-quatre pieds, maintenue dans la direction T A, qui ne peut avoir, quant au *principe*, moins d'un pied d'épaisseur, ni plus de cinq, peut en avoir deux ou trois, si le cas l'exige; et, pour donner un second exemple : une voûte de trois cents pieds, maintenue dans la même direction T A, qui ne peut avoir moins de 12,5 d'épaisseur, pourroit avoir une pesanteur superflue, si elle avoit une épaisseur plus forte; car, les ponts étant en raison de leur cube, il ne paroît pas que cette voûte, ainsi qu'on le pourra voir dans l'article où je traiterai des ponts, ait besoin d'une plus forte épaisseur pour résister à des efforts étrangers à sa masse.

DU POIDS QUE PEUVENT PORTER LES VOUTES,

Considérées comme ARCADES et comme voûtes en BERCEAU.

Quelque STABLE que puisse être une voûte, elle ne peut porter qu'un certain poids; au-delà duquel, les supports écrasés par la surcharge doivent occasionner la désunion des claveaux; et la chute est d'autant plus prochaine, si les *supports* et le *fardeau* sont isolés.

Pour prévenir les accidens de la surcharge et régler les épaisseurs des voûtes, en raison des *fardeaux* qu'on voudroit leur faire porter; j'ai, d'après un grand nombre d'expériences, faites sur des modèles en *pierre*, déterminé le poids que peut porter une voûte sur plateau, et sur les plus hauts supports, jusqu'à l'instant qui doit précéder la désunion des claveaux.

Une voûte porte davantage à mesure que son épaisseur devient plus considérable. La voûte A C, *fig.* 19, (pl. 10), étant de la plus forte épaisseur, porte sans *support*, un poids égal à seize fois sa pesanteur. D'où je tire la proportion suivante ; A S : $\frac{1}{2}$: : A M : 1 : : A U : 2 : : A X : 4 : : A V : 8 : : A C : 16. Ainsi, les deux voûtes A S P et A S L, étant arrivées à leur dernier terme d'épaisseur, elles sont aussi, sur *support*, à leur dernier terme de STABILITÉ. Les supports de la voûte concentrique W O sont de trois diamètres; leur largeur R O est sept fois dans le diamètre de l'arcade. Les *supports* I F de la voûte I P, extradossée horizontalement, sont de sept diamètres, et leur largeur I Y se trouve six fois et demi dans celle de l'arcade.

Quant à la voûte de la plus forte épaisseur A C, son rapport 16 étant multiplié par son poids et, ensuite, divisé par le nombre de tranches déterminées dans son épaisseur; il en résulte le poids que porte cette voûte sur un *support* d'un diamètre; mais, comme une voûte perd de sa STABILITÉ, à mesure que les *supports* augmentent de diamètres en hauteur; on obtient le poids qu'elle peut porter sur ses plus hauts *supports*, en divisant ce dernier quotient, par autant de termes que les *supports* ont de diamètres, moins un.

Cela

Cela posé : si l'on nomme X le poids de la voûte, ou aura pour ce quotient $\frac{16}{6}$ X $= 2$ X, 66 ; lequel étant divisé par chacun des termes $2 + 4 + 8 + 16 + 32$ et de cette manière, par exemple : $\frac{2 \times 66}{2}$, $\frac{2 \times 66}{4}$, $\frac{2 \times 66}{8}$, $\frac{2 \times 66}{16}$, $\frac{2 \times 66}{32}$. On aura pour dernier quotient, le poids qu'une voûte de cette épaisseur, porte sur des *supports* de six diamètres.

De même, pour la voûte A V, le poids X $\times 8 = \frac{8\,X}{5}$ pour le poids qu'elle peut porter sur un *support* d'un diamètre. L'opération de la voûte précédente ayant lieu, on obtient, de même, le poids de celle-ci.

A l'égard des voûtes A S P et A S L : la progression qui leur fait perdre leur STABILITÉ, se trouvant très-rapide, le poids qu'elles portent diminue en raison. Or, ce poids étant égal à O, 5 X, on a celui qu'elles portent sur leurs plus hauts *supports*, en pratiquant l'opération précédente. Il faut, cependant, remarquer : que ces voûtes étant de la plus foible épaisseur, n'offrent qu'une seule tranche, laquelle divisée par l'*unité*, ne donne toujours que l'*unité*. Or, pour avoir le poids qu'un diamètre de *support* peut soutenir, il faut diviser la moitié de la pesanteur de ces voûtes par 2 ; pour deux diamètres par 4 ; et ainsi de suite pour les autres.

DES VOUTES

Relativement aux ponts.

La STABILITÉ des ponts devant être en raison de leur pesanteur, afin qu'ils puissent résister aux plus grandes eaux et aux chocs du roulage ; j'ai dû, par ces considérations, déterminer, comme on vient de le voir, le poids qu'une voûte peut porter, relativement à son épaisseur et à la hauteur de ses *supports*.

Supposant, par exemple, 72 pieds pour le diamètre d'un pont qui doit résister à tous les efforts ; la moindre épaisseur que puisse avoir sa voûte, est égale à la vingt-quatrième partie de son diamètre. Or, la voûte de la plus forte épaisseur, *fig.* 19 (pl. 10), est maintenue à la hauteur de ses *reins* par une hauteur de mur égale au *rayon* ; d'où il suit : que la voûte A S E de la plus foible épaisseur, qui est maintenue à la même hauteur, peut résister aux *fardeaux* étrangers à sa masse. Ainsi, la *fig.* 20, (pl. 10), indique la voûte d'un pont, laquelle, quoique de la plus foible épaisseur, n'en résistera pas moins aux efforts ou aux chocs, si sa pesanteur est en raison des plus lourds *fardeaux*.

D'après cela : supposant trente pieds de large à ce pont, et le pied cube de la pierre de cent cinquante livres, la pesanteur de la partie en *surplomb* sera égale à 3,096,000 ; mais comme une voûte de cette épaisseur, ne porte qu'un poids égal à la moitié de sa pesanteur, on a 1,548,000 pour le poids que celle-ci peut porter sans *support*.

A présent, l'on trouvera que A Q V S vaut 344, et donne pour B S, 9,5. En supposant les plus grandes eaux de dix-neuf pieds, les *supports* n'auront que deux diamètres, pour que ces eaux ne soient pas plus élevées que les sommets de ces *supports*. Mais, comme les corps perdent, dans l'eau, un poids égal à celui du fluide qu'ils déplacent : en admettant que la pesanteur d'un pied cube d'eau, soit égale à la moitié d'un pied cube de pierre, il faudra placer sur les *supports*, un poids égal à la moitié de leur pesanteur, pour regagner la perte de résistance qu'ils font dans cet élément. Cet excédent équivaudra un diamètre de plus, qu'ils auroient en hauteur. Dans ce cas, en appliquant la règle relative au poids que porte une voûte sur ses *supports*, on aura $\frac{1548000}{8} = 193500$. D'où résulte : qu'en divisant ce quotient par 30 pieds, largeur du pont, on a 6450 pour le poids que pourroit porter, sur son sommet, une voûte d'un pied d'épaisseur, avant l'instant où (quant au *principe*) la désunion des claveaux devroit avoir lieu.

D'après le poids donné par ce premier quotient 193500, il ne semble déjà plus possible que les voitures, même les plus pesantes, puissent ébranler une voute de pont de cette pesanteur ; et, néanmoins, il reste, encore, à déterminer l'augmentation de ces mêmes *supports*, considérés comme *piles*, à raison de la charge du *pavé*, du *trottoir* et du *parapet*.

Si l'on ajoute trois pieds pour le *pavé*, et autant pour le *trottoir*, on aura *fig.* 21, (pl. 10), S R = 12,85 ; et si l'on donne quatre pieds au *parapet*, toute la charge apparente de la voûte, sera de dix pieds, et le support de 14,86 de large. Alors, ce pont, *fig.* 22, (pl. 10), étant le produit du *principe*, offrira, par cela même, un aspect convenable.

9

DE QUELQUES VOUTES EN BERCEAU
Et voûtes plates.

Nous avons vu, *fig.* 3, (pl. 2), que l'action de la partie en *surplomb* d'une voûte circulaire, n'auroit pas lieu contre le *support*, si le centre de gravité de la moitié du fardeau, pouvoit se trouver, ainsi que dans le *type radical* des voûtes *plates* (*fig.* 4, pl. 2), sur le prolongement du *support*; mais, que pour atténuer cette action, les *supports* doivent être égaux au *fardeau*. Or, l'action partielle des voussoirs étant également anéantie dans les voûtes STABLES; il en résulte, puisque ces mêmes voûtes résistent à leur pesanteur : que, non-seulement elles se soutiendront toujours, indépendamment de leur parties adjacentes, mais qu'il faudroit, encore, une surcharge étrangère, pour détruire leur repos.

Les moyens qui n'offrent, en ARCHITECTURE, que le seul *état d'équilibre*, devant être rejetés, dans tous les cas, comme insuffisans; c'est ici le lieu d'observer : qu'il n'est pas du tout besoin de formules algébriques pour obtenir la STABILITÉ d'une voûte, et par conséquent, la largeur, la hauteur du *piédroit*, l'épaisseur de cette même voûte et la hauteur du mur qui la maintient; il suffit d'une simple division, pour obtenir généralement la STABILITÉ de toutes les parties de l'ARCHITECTURE.

Les *figures* 23, 24, 25, (pl. 10), et les *fig.* 26, 27, (pl. 11) indiquent des voûtes de différens *arcs*, dont les diamètres *plein ceintre* sont égaux aux *cordes* des voûtes surbaissées. Comme les opérations qui amènent des égalités entre les parties en *surplomb* et celles qui correspondent aux *supports*, ont été démontrées par les *fig.* 2 et 3, (pl. 2). Je crois tout-à-fait inutile, ici, d'entrer en de plus amples détails, qui n'offriroient que des répétitions fastidieuses.

La *fig.* 23, (pl. 10), indique une voûte *concentrique*, de la moindre épaisseur et maintenue, sur sa circonférence, par un mur de la moindre hauteur. Ainsi, la largeur du *support* est sept fois dans celle du diamètre; et la hauteur du mur qui la maintient, vaut le *sinus* d'un angle de 22ᵈ. 5. L'épaisseur de la voûte est de la vingt-quatrième partie du diamètre.

La *fig.* 24, (pl. 10), indique, également, une voûte de la moindre épaisseur et maintenue par un mur de la moindre hauteur; mais, il faut remarquer : que cette voûte étant *surbaissée*, le mur qui maintient la voûte en *plein ceintre* de la moindre épaisseur, à une hauteur qui détermine un angle fixe; mais, que cet angle, ne pouvant être plus grand, que le quart de la moitié de la demi circonférence, pour une voûte maintenue par un mur de la moindre hauteur, il en résulte : que pour obtenir dans une voûte *surbaissée*, un mur qui la maintienne et qui soit également de la moindre hauteur, il faut diviser par 4, la moitié de l'arc de la voûte; et, du milieu de la corde Q S au point A, tirer A I à la hauteur I S qui vaut une de ces parties. A I continué en P, donne Y S pour la hauteur du mur.

D'après cela, il est évident : que les voûtes *surbaissées* de la moindre épaisseur, maintenues sur leur portion d'arc, par des murs qui ont pour hauteur, le côté du triangle compris entre la moitié de la corde quelconque A Q et le côté A I tiré du milieu de la corde entière, et dont la hauteur I Q seroit le quart de la moitié de l'arc; il est évident, dis-je, que ces mêmes murs, ainsi déterminés, comprennent un côté de triangle, dont l'angle opposé sera, sans cesse, au-dessous de 22ᵈ. et demi, et arrivera à *zéro*, lorsque la voûte sera tout à fait plate.

La *fig.* 25, (pl. 10), indique, encore, une voûte de la moindre épaisseur et *surbaissée*. Comme elle se trouve maintenue par un mur de hauteur égale à sa *flèche*, elle est propre à résister à de très-grands efforts.

La *fig.* 26, (pl. 11), indique une voûte *extradossée* horizontalement, et dont l'épaisseur intérieure n'est pas indiquée, parce qu'elle peut être supposée et modifiée, en raison du plus ou moins de charge qu'on se proposeroit de lui faire porter.

La *fig.* 27, (pl. 11), indique une voûte *concentrique* de la plus forte épaisseur. Ainsi, le mur qui la maintient, a pour hauteur le rayon; et cette épaisseur vaut les cinq vingt-quatrièmes de son diamètre.

La *fig.* 28, (pl. 11), indique une voûte *plate* comprise entre deux murs. On a vu que la largeur du support d'une voûte de cette espèce, est égale à la moitié du vide. Donc, l'épaisseur du mur doit avoir la même valeur; car, si l'on divise la surface de la moitié en *surplomb* du dessous de la voûte, par un parallélogramme de même base que la longueur du mur; le quotient donnera l'épaisseur du mur, égale à la moitié du vide.

La *fig.* 29, (pl. 11), indique, encore, une voûte *plate*; mais, comprise entre quatre murs, dont l'épaisseur est égale au quart du vide : car, puisque la surface de la voûte D C K I vaut quatre triangles égaux, semblables à D C Q, qui ont, chacun, pour base, un côté du mur; il s'ensuit : qu'un parallélo-gramme qui a la même base qu'un triangle, et qui a pour hauteur la moitié de celle du triangle, a une surface qui lui est égale. Les murs d'une voûte comprise entre quatre murs, valent le quart du vide. D'après cela, pour obtenir leur épaisseur, il faut diviser la surface du carré D C K I par son péri-mètre intérieur.

La *fig.* 30, (pl. 11), indique une autre voûte *plate*, mais, comprise dans un mur circulaire. L'épais-seur de son mur est, encore, égale à la moitié du *rayon* ou au quart du vide. Si l'on considère : qu'un cercle est composé d'une infinité de triangles, qui ont leur base sur sa circonférence et leur sommet à son centre; on reconnoîtra : que chacun de ces triangles doit comprendre un parallélogramme de même base, ayant pour hauteur la moitié du triangle. Or, bien qu'une voûte circulaire d'un diamè-tre égal au côté d'un carré, ait un mur d'une épaisseur égale à celui d'une voûte plate comprise entre quatre murs; cependant, son mur contient moins de matière. Car, un cercle n'ayant point de diago-nale, les quatre petits carrés S Y D L, *fig.* 29, qui correspondent aux deux diagonales d'une voûte entourée de quatre murs, ne se trouvent pas dans une voûte *circulaire*.

Pour obtenir l'épaisseur du mur de cette voûte *circulaire*, il faut pratiquer l'opération précédente; c'est-à-dire : diviser la surface de la voûte par sa circonférence.

DES VOUTES SPHÉRIQUES.

On démontre en géométrie : que le *cube* d'une *sphère* inscrite dans un cylindre, en est les deux tiers. A l'aide du tiers restant du cylindre, qui forme la partie en *surplomb* d'une voûte *sphérique*, je vais démontrer : qu'une voûte *sphérique*, maintenue à la même hauteur qu'une voûte *en berceau*, et qui lui seroit égale en diamètre et en épaisseur, à son mur moins épais que celui de cette même voûte.

La *fig.* 31, pl. 11), indique la moitié d'une sphère *inscrite* dans un cylindre et représente une voûte en *berceau*, tout aussi bien qu'une voûte *sphérique* et toutes deux sans épaisseur à leur sommet. A et B qui en sont les parties en *surplomb*, valent, ensemble, un cube égal à celui de la moitié de la demi sphère; d'où il résulte : qu'en partageant ce cube en deux parties égales, il y en auroit une pour la moitié d'une voûte en *berceau* et l'autre pour la moitié d'une voûte *sphérique*. Il suit de-là : que pour avoir l'épaisseur du mur de chacune de ces voûtes, il faut : pour celle en *berceau*, diviser le cube de la partie en *surplomb*, par un parallélogramme qui auroit pour base, le diamètre de la voûte et pour hauteur, celle même de la voûte; et pour le cube de la voûte *sphérique* : par un parallé-logramme qui auroit pour base la circonférence de la niche *sphérique* et, également, pour hauteur celle de cette même voûte.

Cela posé : il est évident, toutes choses égales ayant lieu : que les murs qui maintiennent une voûte *sphérique*, doivent avoir leur épaisseur moins forte que ceux d'une voûte en *berceau*; puisque le cube de la partie en *surplomb*, étant le même pour chacune de ces voûtes, se trouve divisé par la surface de deux parallélogrammes de hauteur égale; mais, avec cette différence : que la base du parallé-logramme de la voûte *sphérique*, est plus grande que celle du parallélogramme de la voûte en *berceau*.

Les voûtes *sphériques* sont STABLES, lorsqu'elles sont maintenues par des murs, sur leur circonfé-rence. La moindre hauteur de ces murs est égale au *sinus* d'un angle de 22 ^{d.} ½; et ceux de la plus grande hauteur pour des voûtes *concentriques*, valent le *sinus* d'un angle de 45 ^{d.}

Indépendamment des cinq voûtes *extradossées* horizontalement et des cinq *extradossées* concentri-quement, comprises toutes dans la *fig.* 19, (pl. 10); il dérive encore du *type radical*, cinq voûtes *sphériques* qui sont de la moindre hauteur et maintenues par des murs compris entre ces deux hau-teurs de *sinus*. Les murs qui les soutiennent, considérés comme *supports*, augmentent de diamè-tre en hauteur, et diminuent de largeur, à mesure qu'ils s'élèvent sur leur circonférence. De sorte qu'en faisant l'opération, on trouvera : que le mur de la voûte maintenue à la moindre hauteur, est de quatre diamètres un quart; et sa largeur se trouve, à très-peu près, dix fois dans le diamètre de la voûte. Quant au mur maintenu à sa plus grande hauteur, il se trouve quinze fois dans la lar-geur de la voûte, pour onze diamètres de hauteur, abstraction généralement faite des fractions.

DES MURS

Qui ont des poussées de terre à soutenir.

La *fig.* 32, (pl. 11), indique, par le plan A Q, incliné de 45 degrés à l'horizon, une surface A M Q considérée comme une masse de terre qui, agissant sur ce plan, suivant la gravité de la pesanteur contre le mur M Q, tendroit à le renverser, si son poids étoit moindre que celui de cette masse.

Le point I est le centre de gravité de cette masse, se dirigeant de K en O, contre le tiers de la hauteur du mur M Q. Pour obtenir l'épaisseur du mur qui doit résister à la pesanteur de ce plan A Q, il faut diviser sa surface par la hauteur du mur M Q.

Comme il n'y a pas *homogénéité* entre le plan et le mur, il faut réduire la *pesanteur* de la terre à celle de la pierre. Ensuite, l'inclinaison de la terre abandonnée à son poids, pouvant bien être de plus ou moins de 45 ᵈ., il faut la réduire à sa valeur. Le seul moyen convenable est de faire des expériences sur les lieux ; parce qu'il y a des terres qui, plus ou moins, pesantes, humides, tenaces, peuvent former avec l'horizon, des angles plus ou moins ouverts.

Un terme moyen, suffisant, peut-être, pour la théorie, seroit d'évaluer le poids de la *terre* aux deux tiers de celui de la *pierre* et son inclinaison à 35 ᵈ. Essayons l'application du *principe*, avec un exemple.

Je suppose : 1.° que la *terre* pèse 100 livres le pied cube et la *pierre* 150. 2.° Que le mur qui soutient les *terres*, à 20 pieds de haut et qu'il est sans *parapet*; parce qu'alors son épaisseur pourroit être moindre. Dans cette hypothèse, on aura, (toujours *fig.* 32, pl. 11,) le côté M P de 14 pieds. Si, de la surface du triangle M P Q, on ôte le tiers pour rendre les matières homogènes, on aura 93,2, pieds cubes de terre, pesant, chacun, 150 livres, pour la pesanteur qui doit agir contre le mur. En divisant cette somme par 20, l'on aura 4,66 pour l'épaisseur du mur ; et sa pesanteur étant égale à cette masse, il doit rester en repos. De plus : les corps ayant d'autant plus de résistance que leur centre de gravité est moins élevé, la STABILITÉ du mur pourroit encore être augmentée; si, du côté opposé à la terre, on ajoutoit un pied à sa base, et au dépens du sommet; de manière qu'il eut 5, par la base et 3,66 par le haut.

DEUXIÈME PARTIE.

ANALISE DES MONUMENS ANTIQUES,

Tendante à justifier l'existence d'un principe *fondamental en* ARCHITECTURE.

Lᴇs monumens *antiques*, qu'un sentiment naturel nous fait trouver *beaux* et qui excitent le plus notre admiration , sont, précisément, ceux qui émanent des *types* de l'ARCHITECTURE. En les analisant, je ferai la distinction de ceux qui dérivent des produits primitifs de ces *types*, c'est-à-dire, des frontispices *engendrés*; et, ensuite, de ceux qu'il faut considérer comme étant des *combinaisons* de ces mêmes frontispices.

ARCHITECTURE ÉGYPTIENNE.

Temple situé à Essenay.

FIGURE 33, PLANCHE 12.

Quoiqu'il ne soit pas entré dans mon plan , de parler de l'ARCHITECTURE *égyptienne*, j'ai cru devoir porter l'attention du lecteur, sur un des *monumens* de ce pays célèbre; parce qu'on y retrouve le *principe* fondamental de l'ARCHITECTURE; mais, surtout , parce que les *Egyptiens* étant antérieurs aux *Grecs*, il est à présumer que ceux-ci l'ont puisé chez les premiers.

L'*Egypte*, quelque jour , mieux connue qu'elle ne nous l'est encore, fournira , n'en doutons pas , d'autres exemples à l'appui de celui que je présente. Il est tiré de l'ouvrage de M. DURAND. Le frontispice de ce *monument*, indique un *type* de six supports sans fronton. Il a ses *vides* égaux au *pleins*; et ses *supports* égaux au *fardeau*. Ainsi, la hauteur de ce dernier est à celle des *supports* considérés comme colonnes , :: 1 : 2.

ARCHITECTURE GRECQUE.

Temple dorique de Minerve, à Athènes.

FIG. 34, PL. 13.

Ce *monument* est une *combinaison* du frontispice *engendré* du *type* de six supports; mais, le nombre des colonnes y étant plus grand , leurs intervalles y sont, nécessairement, moindres, et n'auroient pu être de deux diamètres du haut, malgré l'extension que l'architrave a acquise : car , avec des intervalles semblables à ceux du frontispice *engendré*, il eût été impossible d'obtenir un fronton.

On a vu, dans l'article des *combinaisons* de ce frontispice : que les intervalles de la *combinaison* de huit colonnes, diminuent d'un sixième de ce qu'ils sont dans le *type;* de manière que pour avoir la longueur de l'architrave de ce frontispice, il faut connoître le diamètre du sommet des colonnes; et pour avoir la hauteur du *fardeau*, ainsi que de l'entablement, il faut connoître , et la hauteur des colonnes et le nombre de leurs diamètres. Ces deux mesures diffèrent, chacune, entr'elles, dans *Stuart* et *David le Roy;* pour les concilier, j'ai pris un terme moyen, entre les mesures rapportées par ces deux voyageurs, et je l'ai exprimé en nombre rond. Au surplus, le *principe* doit être indépendant des altérations ou des inexactitudes; et , pour ramener ce frontispice à sa véritable proportion, il suffit de savoir, si les colonnes ont trente-deux pieds et cinq diamètres et demi.

En admettant ces deux mesures, voici comme on obtient la *reproduction* de ce frontispice :

Le diamètre du sommet étant de 4,72 , le double est de 9,44. On a pour la sixième partie 1,75 ; laquelle étant ôtée de 9,44 , il reste 7,87 pour la largeur de chaque intervalle. La somme des sept, est de 55,09 ; les huit sommets valent 37,76 ; ainsi , l'architrave vaut 92,85. En divisant cette longueur par 1348 , surface apparente des colonnes , on aura 14,5 pour la hauteur du *fardeau ;* dans laquelle se trouve l'entablement, le fronton et le grand corps de moulures *horizontal ,* dont l'épaisseur est égale à la sixième partie de la hauteur du *fardeau.*

A l'égard de l'entablement, il faut se rappeler : que dans le frontispice *engendré* , sa hauteur est à celle des colonnes :: 1,7 : 6. Mais , comme , ici , les colonnes n'ont que cinq diamètres et demi , il faut prendre un terme moyen, entre le rapport 4 : 1,33 de l'entablement et ce premier, pour avoir un entablement de colonnes de cinq diamètres. Ensuite , étant pris un autre terme moyen entre celui-ci et 1,75 , on a 1,645 pour le rapport qui doit exister , entre la hauteur d'une colonne de cinq diamètres et demi , et celle de son entablement. Par cette méthode , on obtient la proportion suivante ; 5,5 : 1,645 :: 32 : 9,6 ; et , ce dernier terme exprime la hauteur de l'entablement du frontispice du temple de *Minerve* , d'après les mesures indiquées ci-dessus.

Les architectes de ce *monument* , ont serré les colonnes d'angle ; disposition qui porte les trigly-phes sur l'arête de l'architrave et conserve aux métopes , une dimension égale. Ce rapprochement peut avoir été motivé , par l'effet de la lumière sur les corps isolés, auxquels il semble faire perdre de leur ampleur. Mais , cet effet n'est pas assez sensible , pour justifier l'irrégularité que je rapporte ; et , j'ai cru pouvoir rendre égaux tous les intervalles , dans le *tracé* que j'ai fait de ce monument.

ARCHITECTURE GRECQUE.

Propylées , à Athènes.

FIGURE 35 , PLANCHE 14.

La façade de ce *monument* , est un frontispice *engendré* du type de six supports. Ainsi , les colonnes auroient des intervalles égaux à deux diamètres de leur sommet, si elles étoient régulièrement distri-buées sous leur *fardeau.*

Le diamètre des bases est de 5,75 ; celui des sommets est de 6,75 ; la hauteur des colonnes est de 27 pieds. Au moyen de ces *données* , on peut *reproduire* ce frontispice dans sa vraie proportion , ainsi que l'a été celui du temple de *Minerve.*

Les colonnes ayant six diamètres trois quarts du sommet , on obtient l'architrave par cette pro-portion ; 6,75 : 16 :: 27 : 64 ; et , les colonnes ayant cinq diamètres trois quarts de base , on a la hauteur de l'entablement, par cette autre proportion ; 5,75 : 1,698 :: 27 : 7,98. On trouvera la hau-teur du *fardeau,* en divisant la somme des surfaces des six colonnes par 64 , largeur de l'architrave. Ainsi , cette surface étant de 721 , on a 11,3 , pour le *fardeau.*

Le grand corps de moulures de la corniche *horizontale* est alors de 1,9 ; et , celui du corps incliné , étant augmenté du quart du corps *horizontal* , vaut alors 2,375.

ARCHITECTURE GRECQUE.

Temple d'Apollon Didyme.

FIG. 36 , PL. 15.

La façade de ce temple , est une *combinaison* intermédiaire du frontispice *engendré* du *type* de dix supports et de celui de huit , par la raison que ses colonnes n'ont que huit diamètres et demi. Les intervalles peuvent y être de deux diamètres du sommet ; mais , pour une inclinaison de fronton un peu moindre que celle du frontispice *engendré.*

Si , d'après cette disposition , on veut connoître la hauteur de l'entablement : il faut prendre un terme moyen, entre le *rapport* de l'entablement de dix colonnes et celui de huit , à l'effet d'obtenir l'entablement des colonnes de neuf diamètres.

Ensuite ; il faut prendre un autre terme moyen entre le *rapport* obtenu , de cet entablement de neuf colonnes , et celui des colonnes de huit diamètres, pour avoir celui de huit et demi.

Les colonnes de ce temple ayant 54 pieds, on a; 8,5 : 1.85 :: 54 : 11.75; et, ce dernier terme exprime la hauteur de l'entablement.

Pour avoir l'architrave, il faut se rappeler : que celle du frontispice *engendré* du *type* de huit colonnes, est au diamètre des bases :: 18,33 : 8 ; mais, qu'elle doit être au diamètre des sommets, comme 10,3 : 28. Ainsi, l'on a 10,3 : 28 :: 54 : 146,8.

Pour avoir la hauteur du *fardeau*, l'on doit prendre la somme des surfaces des dix colonnes, et la diviser par cette architrave. Cette surface étant de 3143, l'on a pour *quotient* 21,5.

Enfin, pour obtenir la corniche de l'entablement, il faut prendre la sixième partie de cette hauteur ; et, pour la corniche du fronton, l'augmenter de son quart. Ainsi l'on a 3,583 pour la première, et 4,48, pour la seconde.

ARCHITECTURE GRECQUE.

Temple à Corinthe.

FIG. 37, PL. 16.

La façade de ce *monument*, dérive du frontispice *engendré* de quatre colonnes d'autant de diamètres. Dans l'article de ce frontispice, on a vu : que pour obtenir l'inclinaison du fronton d'une *combinaison* de huit colonnes, il falloit diminuer les intervalles, d'un tiers de leur largeur primitive.

Les *cotes* rapportées par *David le Roy*, sur ce monument, donnent des intervalles de 6 pieds, égaux aux diamètres des bases des colonnes, et des hauteurs de colonnes de 22,5 ; d'où résulte : qu'elles n'auroient que trois diamètres trois quarts, et que les intervalles ne seroient diminués que d'un quart de leur largeur primitive. Mais, la colonne la plus courte devant avoir quatre diamètres, celle qui le seroit davantage et, par conséquent, présenteroit une STABILITÉ plus grande, seroit absolument contraire au *principe* ; car, l'entablement, alors, auroit plus de hauteur que celui du *type* et l'inclinaison du fronton seroit d'autant moins élevée. Donc, si les mesures données par *David le Roy* sont exactes, il en faudroit conclure : que l'auteur de ce *monument* auroit méconnu la marche des *types* des frontispices. Comme celui-ci n'offre plus, aujourd'hui, qu'une partie de la frise et plus de fronton, j'ai restitué ces deux parties, en donnant quatre diamètres aux colonnes; mais, j'ai conservé les intervalles, pour faire remarquer le vice de l'inclinaison du fronton : aussi, trouvera-t on qu'elle y est un peu foible.

ARCHITECTURE ROMAINE.

Coupole du Panthéon romain.

FIG. 38, PL. 16.

La voûte de cette *coupole*, est maintenue, sur sa circonférence, par un mur dont la hauteur vaut le *sinus* d'un angle de 22 ᵈ. et demi. Son épaisseur AS, à ce même endroit, est égale à la vingt-quatrième partie de son diamètre ; et, l'épaisseur RQ du mur qui soutient cette coupole, est égale à la septième partie de ce diamètre.

Le diamètre de cette *coupole* est de 132 pieds. Pour obtenir QA, il faut retirer le carré du *rayon* QZ, du rayon augmenté de SA. Il reste, alors, une somme dont la racine carrée vaut 27,6 et vaut, aussi, la hauteur QA.

Une voûte en *berceau*, étant maintenue à la même hauteur, détermine *fig.* 19 (pl. 10), une épaisseur de mur considéré comme *support*, qui vaut la septième partie du diamètre; mais, comme la voûte de ce *monument* est *sphérique*, l'épaisseur du mur est trop forte.

Comme une voûte *sphérique*, maintenue sur sa circonférence, à la hauteur où celle du *Panthéon* se trouve l'être, détermine des *supports* dont la largeur est dix fois dans son diamètre, le mur circulaire du *Panthéon* auroit dû être de 13,2, au lieu de 18,85. Mais, c'est, peut-être, la considération des sept espèces de niches qui sont prises dans ce mur et peuvent l'affoiblir, qui a motivé cette épaisseur surabondante et dans un *rapport* semblable à celui d'une voûte en *berceau*. Ces niches ont de 13 à 14 pieds de profondeur.

ARCHITECTURE ROMAINE.

Temple d'Antonin et Faustine.

FIG. 39 , PL. 17.

La façade de ce temple, est une *combinaison* du frontispice *engendré* du *type* de dix supports. Ses intervalles sont égaux à deux diamètres du sommet. L'inclinaison du fronton est un peu plus forte que celle du frontispice *engendré*; parce que l'architrave ayant moins d'extension, le *fardeau* a plus de hauteur. Les colonnes n'ont que neuf diamètres et demi , parce que si elles en avoient dix, l'inclinaison seroit encore plus grande ; car, plus les colonnes ont de STABILITÉ, plus les entablemens augmentent en hauteur ; et, plus, alors, les inclinaisons des frontons diminuent. Les colonnes ayant 43 pieds , on obtient l'architrave par cette proportion ; $11,4 : 16 :: 43 : 60$.

ARCHITECTURE ROMAINE.

Porte des orfèvres, à Rome.

FIG. 40 , PL. 17.

Ce *monument* renferme une des conditions du *type* radical des voûtes *plates*, puisque la largeur de son *vide* est égale aux *pleins*; mais, cette condition, quoique très-importante à observer, n'étoit pas la seule commandée par le *principe*. Il falloit, encore , que l'ARCHITECTURE de *décoration*, appliquée contre les *piédroits*, fut en proportion, afin que l'ensemble du *monument* offrit l'*aspect* convenable.

La façade apparente des pilastres n'est point égale à celle du couronnement; et, le grand corps de moulures est plus fort que le diamètre du pilastre ; d'où résulte : que ces mêmes pilastres sont trop maigres.

ARCHITECTURE FRANÇAISE.

Porte à l'instar de celle des orfèvres,

FIG. 41 , PL. 17.

L'analise de la *porte* des *orfèvres* , m'ayant fourni l'occasion d'appliquer l'ARCHITECTURE de *décoration* sur les masses du *type*, j'ai cru pouvoir essayer une disposition de *porte* dans le même genre. Je suis bien éloigné de la mettre en parallèle avec un ouvrage *romain* ; seulement, j'ai voulu faire voir qu'il est impossible de s'égarer, en opérant d'après le *principe* fondamental que je développe dans cet ouvrage (1).

Le *type radical*, *fig.* 4, (pl. 2), déterminant des *supports* égaux au *fardeau*, lorsque le *vide* en largeur est égal aux *pleins* et qu'il a , en hauteur, le double de sa largeur ; j'ai rempli, scrupuleusement, ces conditions, dans la *masse* de cette porte. L'ARCHITECTURE de *décoration* devant avoir des entablemens dont la surface apparente soit égale à celle des colonnes; la surface de mes quatre pilastres est égale à celle de l'entablement. Enfin, le grand corps de moulures est six fois dans la hauteur du *fardeau* ; et, son épaisseur est égale au diamètre des pilastres.

(1) Le parallèle de cette *porte* , avec le *monument romain* dont elle est une *imitation*, est , sans contredit, l'argument le plus fort qu'on puisse employer, et l'exemple le plus frappant à offrir , pour démontrer l'existence d'un TYPE *architectonique* et du PRINCIPE de *beauté* qui en résulte, bien qu'ils ne tombent sous les *sens*, ni l'un ni l'autre. Dans la comparaison attentive et rigoureuse que nous invitons les *professeurs* et les *étudians*, à faire de ces deux *élévations*; il importe, surtout , de ne pas perdre de vue, que celle de M. LEBRUN n'est, absolument, que la PENSÉE de l'auteur *romain*, religieusement conservée ; mais , rectifiée et présentée telle qu'elle auroit dû être *exprimée* , si l'architecte ancien n'eût pas méconnu ou transgressé , par quelque motif , il n'importe, le *principe* fondamental développé dans cet ouvrage. (*Note de l'éditeur.*)

On

On ne peut obtenir , dans cette porte, un entablement qui ait moins de hauteur que le tiers des pilastres ; car, si les pilastres , qui ont neuf diamètres en avoient davantage , la hauteur de l'enta-blement auroit plus de leur tiers ; et le piédestal se trouveroit avoir moins de hauteur que l'enta-blement : ce qui seroit absurde, puisque le *fort* seroit sur le *foible* ; d'ailleurs, il n'y a point de cas , où l'entablement puisse avoir une hauteur plus forte, même pour les colonnes les plus foibles.

La corniche de l'*attique* est le tiers du diamètre des pilastres ; et la corniche du *piédestal*, vaut un cinquième de plus.

ARCHITECTURE ROMAINE.
Arc de triomphe d'après des médailles.
Fɪɢ. 42 , ᴘʟ. 18.

La hauteur des colonnes de *décoration* de cet arc, est de 36 pieds ; la largeur des arcades est de 16 ; la hauteur du *fardeau* , compté depuis l'*intrados* est de 24.

Cela posé : si l'on divise la surface de la moitié du *fardeau* perpendiculaire au *vide* de l'arcade , on trouvera 6,5 pour la largeur des *supports*. De même , en divisant par 70,75 longueur de l'ar-chitrave , la surface *apparente* des colonnes , qui ont neuf diamètres et demi ; on trouvera 7,2 pour la hauteur du couronnement ; et enfin , les colonnes se trouvant appartenir au *type* de dix supports , le grand corps de moulures doit avoir une épaisseur égale au diamètre du sommet des colonnes.

La hauteur du *fardeau* apparent de l'arcade , vaut la moitié du *support* ; et l'archivolte qui est égale à l'imposte , ayant pour épaisseur , le sixième de ce *fardeau*, se trouve deux fois dans la partie comprise entre l'*intrados* et la *plate bande*.

ARCHITECTURE ROMAINE.
Temple de Jupiter tonnant , à Rome.
Fɪɢ. 43 , ᴘʟ. 18.

La façade de ce temple , est une *combinaison* du frontispice *engendré* du *type* de dix supports ; mais , comme elle a deux colonnes de plus que celle du temple d'*Antonin* et *Faustine* , l'architrave se trouve avoir plus d'extension : les colonnes y ont donc moins de sᴛᴀʙɪʟɪᴛᴇ́ et l'entablement moins de hauteur. De sorte que l'entablement , ainsi que l'inclinaison du fronton , peuvent avoir , à peu de chose près , la hauteur que les mêmes parties ont dans le *type*.

ARCHITECTURE ROMAINE.
Arc de triomphe de Constantin.
Fɪɢ. 44 , ᴘʟ. 19.

Pour obtenir la largeur des *supports* de cet édifice , il faut diviser la moitié de la surface en *sur-plomb* de l'arcade , par la hauteur verticale correspondante à celle des *supports*. Ainsi , le diamètre de l'arcade étant de 20 , et la hauteur sous clef de 31 , il en résulte 8,2 pour la largeur des *piédroits*.

Quoique la *masse* de cette porte soit déterminée par le *principe* , elle renferme , néanmoins , un vice : en ce que l'entablement n'étant point en raison des colonnes de *décoration* appliquées sur les *supports* , il n'y a pas l'égalité nécessaire entre ces deux parties ; et , comme il ne faut pas qu'une admiration aveugle et *routinière* pour tout ce qui porte le cachet de l'*antiquité* , nous fasse trouver *bon*, ce qui dans le fait est *vicieux* ; je vais démontrer ce qu'auroit dû être cette *porte*, (les orne-mens à part) en adoptant la même *largeur* pour les arcades.

ARCHITECTURE FRANÇAISE.

Arc de triomphe de Constantin,

Rectifié d'après le principe développé dans cet ouvrage.

Fig. 45, pl. 20.

Rappelons-nous, d'abord, ce qui a été dit à l'article de l'ARCHITECTURE de *décoration* : que deux colonnes de dix diamètres appliquées au droit de l'axe du piédroit du *type radical*, *fig.* 3, (pl. 2), dont l'architrave auroit pour hauteur celle de l'arcade, plus deux épaisseurs d'archivolte, ne peuvent avoir un entablement qui soit plus fort que la cinquième partie de la colonne, pour un *piédestal* qui en seroit le quart. Mais, comme les *supports* de cette arcade se trouvent avoir une largeur égale à la moitié du *vide*, ils ont une surabondance de STABILITÉ. Pour obtenir des *supports* qui soient, en raison du *fardeau* du *type* et abstraction faite des fractions, il faut leur donner les trois quarts de la moitié du *vide*.

Cela posé : comme la hauteur de l'architrave est invariable, on a encore un entablement du cinquième des colonnes, pour des *piédestaux* qui sont à la hauteur de l'architrave, comme 18 : 4,8 ; et, comme ces deux hauteurs de *piédestaux* sont les deux extrêmes, il en résulte : que des *piédroits* qui n'auroient point une largeur égale à la moitié du *vide* de l'arcade, ni une autre largeur égale aux trois quarts de la moitié du *vide*, ne pourroient motiver des *piédestaux* d'aucune de ces hauteurs. Or, comme la hauteur de l'entablement des deux colonnes du centre de l'arc *rectifié*, doit être équivalente à la cinquième partie des colonnes qui seroient *appliquées* au droit des axes des *piédroits* de ce même arc, il faut que les piédestaux aient pour hauteur 11,625 ; les colonnes 33,375 et neuf diamètres neuf dixièmes de hauteur. Ainsi, comme le *fardeau*, mesuré sous *clef*, a 31 pieds, on trouvera que la hauteur totale du *monument* est de 71 pieds ; et enfin, les petites arcades ayant 12,25 de large, cet arc de triomphe *rectifié* a pour largeur totale 77,3.

Le grand corps de moulures de l'entablement, doit être égal au sommet des colonnes ; les impostes sont égales aux archivoltes ; la corniche du piédestal est le tiers de la base. Les piédestaux étant très-élevés, les moulures de leurs bases ont pour hauteur le triple de la corniche, et peuvent être élevées sur un socle. Comme la base des *piédestaux* commande celle des *piédroits*, il faut qu'elle y profile ; autrement ces mêmes *piédroits* sembleroient sortir de terre.

ARCHITECTURE ROMAINE.

Pont triomphal, près de Rimini.

Fig. 46, pl. 21.

Ce pont a le caractère de *beauté* désirable en ARCHITECTURE, parce qu'il a les parties en *surplomb* égales, en surface, à celles correspondantes aux *supports*.

Dans l'ouvrage de M. DURAND, la grande arcade, *fig.* 47 (pl. 21), a 43 pieds de diamètre ; l'épaisseur *apparente* de la voûte étant de 10,66, on obtient la largeur des *supports*, en divisant la moitié de la surface en *surplomb*, par la hauteur du *fardeau*.

Cette largeur de 10,66 seroit trop forte, si elle n'étoit qu'en raison de l'épaisseur *réelle* de la voûte ; mais, comme le *fardeau* comprend cette même épaisseur, plus celle du parapet ; les *supports* se trouvent avoir une surabondance de STABILITÉ, par cela même qu'ils sont en raison du *fardeau* apparent.

Cela posé : si l'on veut savoir qu'elle auroit dut être la largeur des *supports*, en raison, seulement, de l'épaisseur de la voûte : si l'on donne deux vingt-quatrièmes de son épaisseur à cette voûte, on trouvera que la largeur QS du *support*, est de 6 pieds.

Mais, il est une considération importante, relativement aux *supports* plongés dans l'eau ; et, comme ils perdent un poids égal à celui du volume d'eau qu'ils déplacent, il est nécessaire d'y avoir égard.

Ainsi donc : supposant 1.º la hauteur des *supports* de 15 pieds. 2.º Que les plus grandes eaux s'élè-vent à cette hauteur. 3.º Que le poids d'un pied cube de pierre est double du poids d'un pied cube d'eau ; il en résultera, si les *supports* sont entièrement plongés dans l'eau, qu'ayant perdu la moitié de leur pesanteur, c'est comme s'ils avoient un diamètre et un quart de plus, en hauteur ; ou, trois diamètres trois quarts, au lieu de deux diamètres et demi.

Veut-on savoir quel poids cette voûte peut porter, jusqu'à l'instant où ses *supports*, supposés *isolés* avec leur *fardeau*, s'écarteroient par l'effet de la surcharge ? Si ce pont a 30 pieds de large, le poids de la partie en *surplomb* sera de 1170000. Ensuite, cette pesanteur étant multipliée par le *rapport* des voûtes de son épaisseur, et divisée par le nombre de ses *tranches* concentriques ; c'est-à-dire, mul-tipliée par l'*unité* et divisée par 2 ; on aura 585000 pour le poids que le pont peut porter, sur un *support* d'un diamètre. Mais, comme les *supports* ont trois diamètres trois quarts, on aura un terme 7 qui divise 585000 ; d'où résulte 83571,43, pour le poids que peut porter cette voûte, maintenue par un mur dont la hauteur est égale au rayon, sur des *supports* de 15 pieds de hauteur, de 6 pieds de large et entièrement plongés dans l'eau.

Maintenant, pour que les *supports* soient en raison de tout le *fardeau* apparent ; on a, d'abord, pour le *trottoir* et l'épaisseur de la voûte réunis, et dont la hauteur totale est de 6,66 ; on a, dis-je, une largeur de *support* N S, qui vaut 7,7 ; et, enfin, pour le *fardeau* entier, on a S M, qui vaut 10,66.

FIN DE LA SECONDE PARTIE.

TROISIEME PARTIE.

APPLICATION DU PRINCIPE FONDAMENTAL

De l'Architecture antique, à la moderne.

La nouvelle *église* de Sainte Geneviève étoit , sans doute et sous tous les *rapports*, le choix le plus heureux à faire , pour *l'application* du *principe* fondamental de l'Architecture , que j'ai développé dans ma *première* partie et justifié dans ma *seconde*, par l'analise des *monumens antiques*.

Cet édifice est la *conception* d'un homme, en qui l'on n'a pu que reconnoître un grand mérite ; c'est un chef-d'œuvre de *construction*, à beaucoup d'égards ; c'est le *monument* moderne le plus considérable que nous possédions ; il a rectifié notre goût , dessillé nos yeux et déterminé parmi nous , l'heureux emploi du style *antique*. Les accidens survenus aux piliers de son *dôme*, ont fixé l'attention de tous les *architectes* de l'Europe. Les moyens *provisoires* employés pour prévenir une chute totale ; les opinions émises et les projets divers proposés pour sa *restauration* ; les talens distingués de celui que le gouvernement a cru de voir en charger : tout , enfin , à justifié l'intérêt que le public et les amis des arts , ont manifestés pour sa conservation.

Je n'ai point à rechercher , si cette œuvre de Soufflot remplit, ou non , le but de sa destination particulière; si le premier *jet* de sa *pensée*, a souffert, ou non , des *changemens*; si les *modifications* qu'elle a pu subir , lui ont été favorables ou nuisibles. J'examinerai son *plan* tel qu'il est , indépendamment du mérite de son auteur ; et , l'on jugera ce que pourroient devenir les *conceptions* d'un homme de génie , s'il étoit guidé par une théorie saine, lumineuse et profonde , lorsqu'on le voit approcher par le seul effet du *sentiment*, des proportions qui ne peuvent être déterminées que par la science, et dont la rigoureuse observation peut , seule , constituer la *beauté essentielle* en Architecture.

Les parties principales de cet édifice , consistent en un *porche* et un *dôme*, où se réunis sent quatre *nefs*.

Le *plan* est établi sur un système d'entr'axes de colonnes , de deux divisions différentes. Celle des colonnes des *nefs* est de 14 pieds ; celle du *porche* est de 21.

Un *plan*, à la fois, composé de *supports* sous voûte *plate* et sous voûte *circulaire*, tracé sur une mesure commune , est absolument contraire au *principe* fondamental dont j'ai démontré l'existence. Il peut amener de grandes erreurs et produire les inconvéniens les plus graves; car les intervalles des *supports* sous voûte *circulaire* , sont toujours variables et ne peuvent être connus, sans avoir, auparavant, déterminé la hauteur du *fardeau*.

La division par 14 pieds d'entr'axe, a déterminé, au centre, un *carré* formé de cinq divisions. Dans ce *carré* qui vaut 70 pieds , se trouve une tour *inscrite* ; et , au quatre angles de ce même *carré* , quatre piliers triangulaires, dont les dimensions , réunies, sont insuffisantes pour la hauteur du *fardeau*.

Le mur de la tour du *dôme*, qui a 6,6 d'épaisseur à la hauteur de l'arcade , porte *à faux* à deux endroits. 1.º à l'*arc doubleau* correspondant à la colonne *engagée*, où ce mur n'est qu'en partie en *surplomb* ; 2.º au droit de la face intérieure des piliers , où il est tout-à-fait *en dehors*.

Cela posé : H L, *fig*. 48 (pl. 22) , vaut 35 pieds; car il comprend deux divisions et demie. Ainsi, la diagonale V N vaut 49,5 ; en retirant V S, qui est la moitié de la diagonale de 14 pieds , il reste 39,6 pour N S. Mais , le rayon du diamètre du *dôme* vaut 31 pieds. Donc, le mur de la tour du *dôme*, porte entièrement à *faux*, puisque Q S mesuré sur la diagonale I P, vaut 8,6.

Ce *porte à faux*, non-seulement , écrase les *arêtes* horizontales de la face intérieure des piliers , mais il diminue la largeur du *support*, sur les arêtes horizontales duquel, il doit , aussi , se manifester des accidens semblables; car , le poids du *fardeau* perpendiculaire au vide l'*arcade* , ne rencontrant pas, dans la partie correspondante au *support*, une pesanteur égale et qui puisse atténuer son action, agit, en vertu de la gravitation des corps, contre la colonne *engagée* et contre le pilastre *adhérent*; et, tend, ainsi, à renverser ce même *support*.

Quant les *masses* qui, en vertu de leur pesanteur, tendent à tomber verticalement, ne sont pas retenues par une *puissance* égale à leur *poids*, elles agissent *obliquement* contre les *supports*. Mais, au moyen de ce que les *puissances* égales s'atténuent, on évite, en ARCHITECTURE, cette action d'*obliquité*, lorsque les *solides* des parties en *surplomb*, sont égaux à ceux correspondans aux *supports*. Mais, encore, sans cette précaution et malgré tout le soin qu'on pourra mettre à la *pose* des pierres, les mêmes accidens arrivés aux *supports* du dôme de *Sainte Geneviève*, se reproduiront constamment dans tout *support*, s'il n'est pas STABLE; parce que la pesanteur du *fardeau* agit, alors, dans une direction *oblique* au lit de la pierre.

Les deux *porte à faux* que je viens de faire remarquer, ne sont pas les seuls vices de cet édifice : car la *façade* comprend une galerie extérieure, qui n'a pas de soutien *apparent* dans le *plan*; d'où résulte que la pesanteur de cette galerie agit sur toutes les voûtes sur lesquelles elle passe; et quoique l'auteur ait imaginé, pour là porter, des *arcs* qu'il appelle *chainettes*; ces mêmes *arcs* auroient été complètement inutiles, ainsi que les *contreforts* placés dans les angles rentrans, si les *supports* avoient pu être STABLES; et, il est, encore, à remarquer : que ces mêmes *arcs* n'ont pas eu tout l'effet qu'en attendoit SOUFLOT; car, les arcs *doubleaux* des lunettes des tribunes, qui reçoivent le poids de la galerie qui passe sur leur sommet, n'ayant pu résister à la pesanteur de cette galerie, à raison de la foiblesse des soutiens G G, les claveaux qui les forment ont été forcément désunis.

Ces trois *porte à faux* sont autant de causes de *dégradations* continuelles, qui se manifesteroient journellement, encore; si, pour prévenir de nouveaux accidens, on n'avoit pas *étayé* les arcades.

Après avoir démontré les vices de ce *plan*, essayons de faire voir la *disposition* qu'il devoit offrir pour être STABLE.

Un *support* de dôme, qui a pour épaisseur une colonne de dix diamètres, *adhérente* à un pilastre *plié*, portant un arc *doubleau* et le pilastre une *arcade*, nécessite le *porte à faux* du mur du dôme à l'endroit de l'axe de la colonne; et, de plus, un vice dans l'archivolte de l'*arcade*, dont la naissance se trouve sur l'*acrotère* des colonnes, au lieu de se trouver sur un *imposte*.

Un *support* portant une voûte *sphérique*, inscrite dans un *carré* et maintenue sur sa demi-sphère, par une hauteur de mur égale à un *sinus* de 22 d. et demi, ne peut avoir une épaisseur qui soit moindre que la dixième partie du diamètre de la voûte; et, la largeur de sa face *intérieure*, ne sauroit être moindre que celle du *vide* de l'arcade : car, si le *support* est moins épais, il y a un *porte à faux* au droit de l'arc *doubleau* de l'arcade; et, si le *vide* n'est pas égal au *plein*, il y a un autre *porte à faux* au droit des pans coupés du *support*.

Pour obtenir la largeur des *supports*, il faut *inscrire* un cercle dans un carré, *fig.* 49 (pl. 22), augmenté de deux dixièmes du diamètre. La huitième partie de la circonférence, sera la largeur de la face intérieure du *support* et, en même tems, celle de l'*arcade*. Il résulte de cette disposition : qu'un *support* de voûte *inscrite*, qui a sa largeur intérieure égale à la huitième partie de la circonférence, et son épaisseur égale à la dixième partie du diamètre, n'ayant de *porte à faux* que le renfoncement Z Z, dont je vais parler, peut porter, à lui seul et sans le secours d'aucune espèce de *contrefort*, un *dôme* dont le poids est indéfini.

Puisque l'épaisseur du *support* et la largeur de l'*arcade* sont déterminées, il en résulte encore : qu'une colonne de dix diamètres, dont la hauteur ne peut avoir plus de cinq sixièmes de la hauteur de l'imposte, ne sauroit remplacer l'épaisseur du *support*; car, on trouvera que le diamètre de cette colonne n'est, à son sommet, que de 2,53, et que l'épaisseur du *support* est de 6,2. Outre le vice du *porte à faux* qu'une colonne *engagée* dans l'épaisseur d'un *support* nécessite, elle entraîne, encore, un autre défaut dans l'archivolte; car, le centre de l'*arc doubleau*, ayant pour hauteur l'*acrotère* de la colonne : il est évident que l'archivolte n'a pas d'imposte, puisqu'elle a sa naissance sur ce même *acrotère*.

A l'égard du *renfoncement* ZZ : il faut observer qu'il motive l'encadrement I Z de l'archivolte de l'arcade, dont la mesure est égale à la huitième partie du *vide*.

La largeur *intérieure* et l'épaisseur du *support* étant commandées, pour éviter des *porte à faux*, il s'ensuit que sa largeur *extérieure*, terminée par le carré qui *inscrit* le dôme, est plus que suffisante pour le porter. Cette largeur qui est plus grande que la moitié du *vide*, produit dans le *support*, une surabondance de STABILITÉ ; et, jamais, un *support* ne peut être plus large que cette même moitié, quelque soit la hauteur de son *fardeau*.

Il n'en est pas ainsi de la largeur des piliers du dôme de *Sainte Geneviève* ; car, l'arcade ayant 42 pieds, la hauteur du centre de l'arcade à l'attique étant de 123 pieds, la surface en *surplomb* de la moitié de l'arcade étant de 2252, on trouvera qu'étant divisée par la hauteur ci-dessus, elle donne pour *quotient*, une largeur de 18,3 à chacun des *supports*.

Les piliers du dôme n'ayant que 14 pieds de largeur, se trouvent trop foibles de 4,3. De sorte que pour les rendre STABLES, il faut les augmenter aux dépens des arcades ; car, ils ne peuvent avoir une extension plus grande que le *carré* qui *inscrit* le dôme.

Il faut remarquer, à présent, que le *support* de la *fig.* 49 (pl. **22**), n'est encore qu'en raison du mur du dôme ; car, la galerie extérieure doit avoir également un *massif* pour la porter ; mais, déduisant le massif de la *combinaison* du plan total, je renvoie pour cette détermination, à l'article du *plan rectifié* de cet édifice, et dont je m'occuperai tout à l'heure.

J'ai démontré comment il faut qu'un dôme *inscrit* soit disposé pour être STABLE, appliquons cette *disposition* aux soutiens principaux du dôme de *Sainte Geneviève*, pour corriger leur défaut de STABILITÉ.

Voici ce qu'il faut faire :

1.º Augmenter l'*épaisseur* du *support*, afin que le mur qui porte sur l'*arcade*, n'ait pas de *porte à faux*.

2.º Augmenter la *largeur* du *support*, afin que la pesanteur de la *masse* perpendiculaire à l'*arc doubleau* de la colonne, rencontre dans la partie correspondante du *support*, une pesanteur équivalente et qui puisse atténuer son action.

3.º Augmenter l'*épaisseur* des soutiens des tribunes, en raison du poids de la galerie, qui agit sur les *arcs doubleaux* des lunettes, adjacens aux grandes arcades.

EXAMEN DE QUELQUES PROJETS
Proposés pour la restauration des piliers du dôme de Sainte Geneviève.
FIG. 50, 51, 52, 53, 54, 55, 56, PL. 23.

Il seroit, sans doute, intéressant de pouvoir examiner, ici, chacun des *projets* proposés pour la *restauration* des piliers de ce dôme, afin de savoir jusqu'à quel point ils remplissent les conditions ordonnées par cette *figure* 49 (pl. 22), et que j'ai démontrées rigoureusement nécessaires ; mais, je suis loin d'en avoir une connoissance entière ; peut-être, aussi, n'ont-ils pas, tous, été publiés par la gravure. J'ai tracé sur une échelle commune et réuni dans la même planche, ceux que j'ai pu me procurer ; afin qu'on en puisse faire la comparaison et apprécier leur mérite particulier. Nous allons jeter un coup-d'œil sur chacun.

Dans la *fig.* 50 (pl. 23) le *support* n'ayant point augmenté de *largeur* ni d'*épaisseur*, le solide en *surplomb* de l'arcade, agit, toujours, contre la colonne *engagée* et le pilastre *plié* adhérent. Cependant, quoique l'auteur n'ait pas paré au défaut de STABILITÉ des *supports*, il est venu au secours du *porte à faux*, dirigé contre la face *intérieure*, avec les petites colonnes *engagées* dans cette même face ; et, au moyen des *chambres circulaires* établies en *plan* dans les tribunes, il annonce, encore, venir au secours des *arcs doubleaux* des lunettes de ces mêmes tribunes.

L'auteur de la *fig.* 51 (pl. 23), n'ayant rempli aucune des conditions ordonnées par la SCIENCE, je n'ai rien à en dire.

Dans la *fig.* 52 (pl. 23), l'auteur est venu au secours des piliers dans le sens de leur *largeur*, en diminuant le diamètre de l'arcade et, par cela même, le *porte à faux* des pans coupés ; mais il n'a rien fait pour les *arcs doubleaux* des tribunes. Ensuite, à part la confusion résultante du rapprochement des bases et des chapiteaux des colonnes *accouplées* sur l'épaisseur des piliers, il faut observer, encore, qu'elles seroient *froissées*, attendu leur position ; car, les colonnes *isolées*, de dix diamètres, ne peuvent porter une arcade, sans manquer de STABILITÉ. C'est pourquoi les colonnes *accouplées* de ce projet, n'étant qu'*appliquées* contre les piliers et sans aucune adhérence, ne feroient que les soulager, sans recevoir, elles-mêmes, aucun secours de leur voisinage.

Cette *disposition*, outre la confusion des chapiteaux et des bases et le défaut de *résistance* dans les colonnes, nécessite, encore, la *démolition* de toute la partie de la première corniche du *dôme*, située au droit des grandes arcades, laquelle on peut, cependant, conserver ; car, le *sommet* des huit colonnes *intérieures* est en saillie de seize pouces sur la *frise* actuelle ; d'où résulteroit, par le raccordement de cette corniche, une autre corniche, dont la *courbe* seroit très-défectueuse.

Quant à la proportion de l'arcade : elle est, à la vérité, dans ce *plan*, réduite à 3o pieds. Néanmoins, comme l'*acrotère* existant où se trouve sa naissance, est de 53,66, la moitié du diamètre étant ajouté à cette valeur, il en résulte que l'arcade a 8,5 de trop, sur la hauteur.

La *fig.* 53 (pl. 23), présente, à l'égard des tribunes, une *disposition* semblable à celle de la *fig.* 50, (pl. 23). L'auteur, bien qu'il soulage les *porte à faux* des pans coupés, n'est point venu au secours des piliers, dans le sens de leur *largeur* extérieure, ni de leur *épaisseur;* mais, il a produit un rang circulaire de colonnes, qui nuit au passage de la tour du dôme.

Dans la *fig.* 54 (pl. 23), l'auteur a donné aux piliers une STABILITÉ suffisante, dans le sens de leur *largeur* extérieure. Il a, de plus, accusé leur épaisseur et, par cette *disposition*, il tend à diminuer le *porte à faux* des arcs donbleaux de la colonne *engagée*. Mais, il n'est pas venu au secours du *porte à faux* des lunettes des tribunes, ni de celui dirigé sur les pans coupés.

Dans la *fig.* 55 (pl. 23), l'auteur, au moyen d'une *pyramide*, est venu au secours du *porte à faux* des pans coupés; mais il n'a pas accusé l'*épaisseur* des *supports*, il ne les a pas, non plus, augmentés de *largeur;* enfin, il a négligé de venir au secours des *arcs doubleaux* des tribunes.

Le projet *fig.* 56 (pl. 23), est tracé conformément au *principe* fondamental de l'ARCHITECTURE, que je me suis efforcé de développer dans cet ouvrage, et il est d'accord avec la *fig.* 49 (pl. 22). Il indique ce qu'il convient de faire pour augmenter la STABILITÉ des piliers et, conséquemment, assurer le repos du dôme.

La largeur de l'*arcade* est de 17,5 ; la *masse* A I, plus grande que la moitié du *vide*, peut soutenir un *fardeau* incommensurable en hauteur ; l'épaisseur du *support* est accusée ; mais, bien qu'égale au diamètre de la base de la colonne *engagée*, plus à la moitié du pilastre *plié*, elle ne vaut que 5,7 au lieu de 6,6 qu'elle devroit avoir : de sorte que le mur du dôme correspondant à l'*arc doubleau* de la colonne, a encore un *porte à faux* de 0,9. Cependant, comme le *support* est renflé de la moitié de la colonne, dans le sens de sa *largeur*, l'effet du *porte à faux* se trouve atténué d'une manière très-sensible.

Le *porte à faux* du mur du dôme, dirigé sur la face intérieure du *pan coupé*, est diminué de 4,1 ; car, V C vaut 11,75 ; la diagonale vaut 16,6; C S en est la moitié; de sorte que Q P et S C étant retirés de la grande diagonale C Q, il reste 4,5 pour le *vide* S P, au lieu de 8,6 qu'il se trouve avoir dans le *plan* existant.

Il faut bien observer que ce *porte à faux* ne peut pas être, entièrement, supprimé; car, l'*acrotère* ne pouvant diminuer de *hauteur*, on ne pourroit pas rétrécir les *arcades*, sans altérer leurs proportions.

A l'égard du *porte à faux* qui résulte, encore, du *vide* S P : on peut en atténuer l'effet sur la face des *pans coupés*, en disposant, ainsi que dans la *fig.* 57 (pl. 23), les lits V V des *supports*, perpendiculairement à la direction *oblique* A B du *fardeau.*

Relativement aux *arcs doubleaux* des voûtes des tribunes, il faut remarquer : que les *piédroits* dont la largeur est égale à la moitié du *vide*, pouvant porter un *fardeau* incommensurable sans augmenter de largeur, il s'ensuit : qu'en établissant des *massifs* H H *fig.* 56 (pl. 23), autour des colonnes du *plan* des tribunes, on obtiendra des *piédroits* qui, se trouvant égaux au *vide*, nécessiteront des seconds *arcs doubleaux* sous les premiers et dont les *supports*, joints à ceux existans, seront en raison de la charge supérieure.

PLAN RECTIFIÉ DE L'ÉGLISE DE SAINTE GENEVIEVE.

FIGURE 57, PLANCHE 22.

Je ne me suis occupé, jusqu'ici, que du *dôme*, isolément considéré; j'oserai tenter davantage et provoquer l'attention des connoisseurs, sur la *rectification* du plan, tout entier, de l'édifice. Mais, dans cet examen, il ne faut pas oublier : que la PENSÉE particulière de l'*auteur*, loin d'être, en rien, *dénaturée*,

dénaturée, par quelque *modification*, préférable ou moindre, il n'importe, mais qui me seroit personnelle, a été religieusement conservée. Je n'ai fait que la soumettre au *principe* fondamental de l'Architecture, et la présenter telle, qu'infailliblement, elle eût été mise au jour, par Souflot luimême, s'il eu véritablement connu ce *principe*.

Les *supports* du dôme étant déterminés par la *fig.* 49, (pl. 22), mais seulement encore, en raison du *dôme* ; il faut, à présent, déterminer l'épaisseur et la largeur du *massif* qui lui est adhérent et qui, portant la galerie *extérieure*, soutient les *arcs doubleaux* adjacens à l'arcade. On va voir que cette même arcade étant déterminée, *commande* la hauteur des colonnes *intérieures* et, par suite, l'*épaisseur* du massif.

La huitième partie de la circonférence du *dôme* étant de 24,4, puisque le diamètre est de 62, la hauteur de l'imposte vaut, alors, 36,6. Cette hauteur est aussi celle du *grand corps de moulures* des colonnes. Le *fardeau* de leur couronnement, dans la *disposition* qu'elles ont, pouvant se trouver égal à leur cinquième, moins la *cimaise*, il sera de 6,1. L'*acrotère* au-dessus et qui complète le *fardeau* total est de 5,4 et la colonne de 30,5.

Ayant à faire concorder l'*imposte* avec le *grand corps de moulures* des colonnes, je donne à celles-ci, neuf diamètres et demi : la valeur des *entr'axes* est alors de 8. L'épaisseur du *support* étant, de 6,2 ; si l'on ajoute à ce résultat 1,3, moitié du sommet des colonnes, on aura 15,5 pour l'*épaisseur* totale du *support* et du *massif* adhérent.

Quant à la *largeur* du massif, il faut observer : que la galerie portant sur les *arcs doubleaux*, l'épaisseur des voûtes de ces arcs, doit être en raison du poids de cette même galerie. La *largeur* de ce *massif* étant *commandée* par les deux colonnes de *décoration*, dont les *axes* correspondent avec ceux des colonnes du *porche* ; il faut voir si ce *massif* à une largeur suffisante pour supporter cette galerie.

On sait que les voûtes de la plus forte épaisseur, portent, sur plateau, un poids égal à seize fois leur pesanteur, lorsqu'elles sont *extradossées* horizontalement et que la largeur des *supports* se trouve être le quart du *vide*. Cela posé : l'arcade des arcs ayant 35, de large, cette épaisseur sera de 8,75. Or, comme le *massif* est de 15,6, la largeur est suffisante : on peut considérer cette voûte comme étant dans une situation aussi avantageuse que si elle étoit sur plateau ; car, non-seulement, elle est posée sur un *massif* adhérent à un *support* ; mais, elle-même, formant *plate forme*, son extradossement se continue dans toute la partie du *massif* et au-delà, sur la partie B du *plan fig.* 57 (pl. 22) ; et par cette *disposition*, elle acquiert un repos, on pourroit dire immuable.

Le solide en surplomb des *arcs doubleaux* correspondans aux colonnes de la galerie, ayant 3, d'épaisseur, vaut 1377, cubes ; et supposant le poids de la pierre de 150 livres le pied cube, on a, 206550, pour la pesanteur de la voûte de cet arc ; et enfin, 3304550 pour le poids qu'elle peut porter.

Ce poids *porté* est égal à la hauteur du *stylobate* mesuré de la plate forme, plus, celle des colonnes correspondantes au *vide* de ce même *arc*, plus encore celle de leur *fardeau*. Cette hauteur est de 64,75. Si donc, on multiplie, 64,75 par 35, largeur de l'arc ; et, ensuite, par trois pieds son épaisseur, sans aucune déduction des *vides* des intervalles, à cause du plafond du *fardeau* qui pèse sur le sommet des colonnes ; on aura un poids égal à 1019812,5 ; et, comme la voûte de cet arc en pourroit porter un beaucoup plus grand, il s'ensuit : que le poids porté ne peut faire aucun effet sur l'*arc doubleau* ni sur la colonne.

Voici comment on obtient les colonnes du porche : l'épaisseur du *support* du dôme et celle du *massif* adhérent, étant ensemble de 15,5, et le diamètre du dôme de 62 ; on a 93, pour le diamètre du *stylobate* de la galerie extérieure. En divisant cette largeur en 22 parties, on obtient les sommets des colonnes d'un frontispice de huit. Je leur donne neuf diamètres trois quarts, parce que l'*architrave* d'un frontispice de huit colonnes, ayant moins d'extension que dans le frontispice *engendré*, comporte des colonnes d'une STABILITÉ plus grande. Le *quotient* résultant, donne les diamètres du sommet de 4,22 et, par conséquent, 49,4 pour la hauteur des colonnes.

Si j'adopte un frontispice de huit colonnes, c'est que j'obtiens la correspondance des *entr'axes* des colonnes *intérieures*, avec celles du *porche* et, de plus, un *comble*. On peut s'en rendre compte dans la *coupe fig.* 58 (pl. 24), dont la hauteur est égale à celle du *fronton*. Ces *dispositions* n'auroient pas lieu, si le frontispice avoit dix colonnes, ou s'il n'en avoit que six ; car, dans le premier cas, les colonnes ayant 33,2 ; pour obtenir la correspondance des *entr'axes*, elles motiveroient un *massif d'arc doubleau*, ou trop large ou trop foible, et ne pourroit fournir un *fardeau* qui couvrit la vue du *comble* des nefs. Dans le second cas, il n'y auroit point de correspondance avec les colonnes *intérieures* ; car, la troisième seroit en face du *vide* de l'arcade ; et, la hauteur du *fronton* qui seroit de 92, seroit de beaucoup trop grande pour le *comble* de ces mêmes nefs.

COUPE DU PLAN RECTIFIÉ

De l'Eglise de Sainte Geneviève.

FIG. 58 et 59, PL. 24.

Le *plan* de SOUFFLOT que nous venons d'examiner étant démontré vicieux, n'a donc pu produire qu'une *élévation* défectueuse. Pour en faire juger, j'ai mis en parallèle, sur la même feuille, l'*élévation* telle qu'elle existe *fig.* 60 (pl. 24), et celle *fig.* 61 (pl. 24), qui seroit résultée du même *plan rectifié*, c'est-à-dire, soumis au *principe* fondamental de l'ARCHITECTURE, et en conservant, néanmoins, la PENSÉE de l'auteur dans son intégrité.

Pour faire concorder l'*imposte* de l'arcade du dôme, avec le grand *corps de moulures* des colonnes des nefs, il faut se rappeler qu'une *imposte* est égale à l'*archivolte* et que son épaisseur est égale à la huitième partie du *vide* de l'arcade.

Ayant donné neuf diamètres et demi aux colonnes des *nefs*, dont la hauteur est de 30,5 ; le *grand corps de moulures*, qui est égal à leur sommet vaut, alors, 2,7. La hauteur de l'*imposte* étant la la même que celle du grand corps de moulures des colonnes, sa douzième partie vaut 3,05. La différence 0,35 pourroit, peut-être, faire trouver l'imposte un peu *maigre* ; mais cette maigreur paroîtra moins sensible, par la continuation de l'architrave sur le *support*.

D'après cette considération, on peut conserver la proportion de l'imposte; et, comme l'archivolte lui est égale, on trouvera que son épaisseur est la neuvième partie du *vide* de l'arcade.

La *fig.* 59 (pl. 24), représente la façade de l'arcade du côté des nefs, et indique le parti qu'on peut prendre, dans une *disposition* d'arcades *adhérentes* à un massif, pour éviter que l'archivolte ne prenne sa naissance sur l'*acrotère* des colonnes. Il faut, pour cela, décrire l'*arc doubleau*, du même centre que l'*archivolte* de l'arcade.

On peut considérer la première *corniche* du dôme, comme appartenante à une colonne qui auroit pour hauteur l'*arcade*, plus deux épaisseurs d'*archivolte*. Cela posé : il faut observer qu'on ne peut appliquer une colonne ou pilastre de *décoration* de cette hauteur, contre un *support* de dôme *inscrit*; car, d'après le *principe* · un *support* sous arcade, ne pouvant avoir plus de la moitié du *vide*, il ne peut comporter qu'une colonne ou pilastre. Or, le *support* de ce dôme ayant une largeur égale au *vide*, il s'ensuit que la colonne de *décoration* auroit un intervalle qui ne pourroit fournir un *fardeau*, dans lequel on put obtenir un entablement qui fut du cinquième de la colonne.

Le couronnement de l'arcade du *dôme*, ne pouvant être *appelé* par la colonne, il faut, alors, qu'elle lui soit *supposée*. Ainsi, pour avoir un couronnement qui soit en raison de l'*imposte*, on le fera égal à la cinquième partie de l'arcade, plus deux épaisseurs d'*archivolte*; car, l'archivolte de l'arcade *engendrée*, étant deux fois dans l'épaisseur de sa voûte, la partie supérieure du *fardeau* de l'arcade, détermine la hauteur de l'architrave d'une colonne qui lui seroit *appliquée*.

Relativement à la hauteur du *couronnement*, on trouvera que dans le frontispice *engendré* du *type* de dix supports, la hauteur du *fardeau* étant égale à deux cinquièmes de la colonne ; de même, les deux cinquièmes de cette hauteur, valent le *couronnement* et l'*acrotère*.

Quant aux *grands corps de moulures* : puisqu'ils sont égaux au sommet des colonnes de dix diamètres ; en divisant par 12 la hauteur *supposée* de la colonne, on trouvera : que la hauteur des colonnes ou pilastres de *décoration* de l'intérieur du dôme, est à celle des colonnées *supposées* qui seroient appliquées au *supports* d'arcades, comme la hauteur des colonnes des *nefs* est à celle du *porche*.

Pour obtenir la hauteur du *couronnement* de ces colonnes ou pilastres de *décoration*; il faut diviser la somme de leur surface *apparente* par la circonférence du dôme. En admettant que ce soit des des colonnes, leur forme *apparente* est semblable à un *trapèze*, qui auroit pour hauteur celle des colonnes, et pour ses deux bases parallèles, le diamètre de la base et du sommet de la colonne. Le nombre des colonnes du dôme étant de seize, la surface totale est de 1760; laquelle étant divisée par la circonférence 195, il en résulte 9 pieds pour la hauteur du *fardeau*. Mais, il faut remarquer : que le couronnement compris dans ce *fardeau*, ne peut laisser de hauteur assez grande pour former un *acrotère*.

Les deux premières *coupoles* sont maintenues au quart de la moitié de leur demi-circonférence, et leur épaisseur est égale à la vingt-quatrième partie du diamètre. Pour avoir l'épaisseur du mur, qui est égale à 6,2, il faut diviser le cube de la partie en *surplomb* de ces voûtes, par la surface d'un parallélogramme, qui auroit pour hauteur, celle du mur qui les maintient.

La voûte supérieure est *sphérique*, ainsi que les deux inférieures; mais, il faut observer que n'étant pas maintenue sur sa demi-sphère, elle perdroit sa STABILITÉ, si le solide OPC, *fig.* 58 (pl. 24), de la voûte, correspondant au mur, n'équivaloit celui de la partie en *surplomb*.

Les épaisseurs des voûtes du *dôme*, ainsi que celles des murs et *supports* étant déterminées, on pourra, par la même méthode, c'est-à-dire, par l'application du *principe*, trouver les dimensions de toutes les autres parties de la *coupe*.

La sévère application de ce même *principe*, en donnant aux parties d'un édifice les *proportions* et les *rapports* qui constituent sa BEAUTÉ, produit encore un autre avantage, l'*économie*; considération très-importante en ARCHITECTURE; et le plan de *Sainte Geneviève*, ramené à la véritable *disposition* qu'il devoit avoir, en fournit la preuve.

Le centre de la première *coupole* est à 150 pieds de hauteur, tandis que dans la coupe du *plan rectifié*, ce même centre n'est qu'à 120, du sol. Cette différence de 30, produit une *économie* de matière et de frais bien considérable : elle n'est pas la seule; car le *fer* qui donne l'existence, toute entière, on peut le dire, à cet édifice, est absolument *superflu* dans les constructions véritablement STABLES. A ce double avantage, il s'en joint encore un autre au profit de l'œil : c'est que le *point de vue* est moins pénible que celui qui existe, à cause de l'abaissement du centre de ces coupoles.

DE L'ÉLÉVATION DU PLAN RECTIFIÉ

De l'Eglise de Sainte Geneviève.

FIG. 61, PL. 24.

Comme un *fronton*, indépendamment de ce qu'il détermine la hauteur du *comble* propre à couvrir le monument, doit, encore, offrir un *aspect convenable*; voici comme on obtient la proportion du frontispice de cette *élévation* :

La largeur de l'architrave et la hauteur des colonnes étant déterminées, ainsi que leur nombre; la hauteur du *fardeau* est égale à la somme des huit surfaces *apparentes* des colonnes, divisées par la longueur de l'architrave. Cette hauteur est de 19,4, et c'est dans ce *fardeau* que doivent se trouver, la *hauteur* de l'entablement, l'*inclinaison* du fronton et l'*épaisseur* du grand corps de moulures.

L'entablement et l'inclinaison doivent avoir plus de hauteur que dans le frontispice *engendré* du *type* de dix supports, parce que, ici, l'architrave a moins d'extension. Pour obtenir la hauteur de l'entablement, il faut prendre un terme moyen entre le quart et le cinquième des colonnes.

L'*inclinaison* se trouve dans l'excédant du *fardeau*. Ainsi, l'on obtient le *sommet* du fronton, en portant sur son milieu, le double de la hauteur du *fardeau* restant.

A l'égard des grands corps de moulures, savoir, l'*horizontal* et l'*incliné* : il faut, ainsi que dans le frontispice *engendré*, prendre la sixième partie du *fardeau*, pour le corps *horizontal*, et rendre le corps *incliné* égal au sommet des colonnes.

Les pilastres d'angle des ailes de la façade, rappellent les colonnes du frontispice et l'épaisseur des murs.

La hauteur des colonnes de la galerie *circulaire* est égale à celle des colonnes des *nefs*. Cette hauteur est de 30,5; le diamètre de la galerie *circulaire*, mesuré des *axes* des colonnes, est de 87,4; la circonférence est de 274,7; cela posé : les colonnes des *nefs* ayant 8, d'entre *axe*, il faut diviser cette circonférence par 8, afin d'avoir le nombre des colonnes de cette galerie. 34 colonnes donnent 272; reste 2,7, lesquels divisés par 34 donnent 0,8. Ainsi, les *entr'axes* sont de 8,08. Il s'en faut donc de cette différence, que le *fardeau* ne soit rigoureusement STABLE, mais comme elle est bien peu de chose, on peut n'y avoir aucun égard.

Pour obtenir la *hauteur* de l'entablement des colonnes du *type* de dix supports, il faut se rappeler ce qui a été dit à l'article *proportions des grands corps de moulures*: que la hauteur du *fardeau* est à celle des colonnes :: 2 : 5. Dans ce cas, l'entablement sans *cimaise* est le cinquième des colonnes. Mais, comme, ici, la *corniche* porte sa *cimaise*, cet entablement vaut les deux neuvièmes de la colonne. Pour avoir la hauteur du *fardeau*, il faut diviser la somme des surfaces apparentes, de celles des colonnes qui s'offrent à la vue, par la longueur de l'architrave. Supposant donc, que la moitié d'une circonférence soit entièrement visible, on aura pour la surface apparente de 17 colonnes de cette galerie, lesquelles ont même nombre de diamètres que celles des nefs, on aura, dis-je, 1524,4; laquelle somme divisée par 137,35 donne pour *quotient* 11, pour le *fardeau* : d'où, retirant 6,78 pour l'entablement, reste 4,78 pour l'attique.

Le grand corps de moulures est égal au sommet des colonnes, et la corniche de l'attique, vaut le tiers de ce même sommet.

COUP-D'OEIL SUR UN PROJET DE PANTHÉON

Mis en parallèle avec l'Eglise de Sainte Geneviève.

FIG. 62 et 63, PL. 25.

Après avoir examiné jusqu'à point l'édifice de *Sainte Geneviève* étoit conforme au *principe* fondamental de l'ARCHITECTURE *antique*; il ne sera pas moins intéressant de jeter un coup-d'œil, sur un *projet* de *Panthéon* mis en parallèle avec le *monument* commencé par SOUFLOT. S'il n'avoit pas été proposé comme un *modèle*, je n'en aurois rien dit; mais il peut-être utile pour l'*étude*, de faire remarquer que ce n'est, encore, là, que de l'ARCHITECTURE *arbitraire*; que la *véritable* ne peut être que le produit de la SCIENCE, sans laquelle il n'y aura jamais que faux préceptes, impéritie et destruction.

Examiner si toutes les conditions de convenance, imposées par la *destination*, ont été remplies, seroit un travail absolument étranger au but de cet ouvrage; et je ne dois pas sortir du cercle où je me suis renfermé moi-même.

Les *figures* 62 et 63 (pl. 25), font connoître ce *projet*. Il est extrait de l'ouvrage intitulé : *Précis des leçons d'ARCHITECTURE données à l'école Polytechnique.* L'auteur, en comparant son plan avec l'édifice élevé par SOUFLOT, fait, valoir le sien, sous les rapports de l'économie, et la fonde sur le moins de *matière* qu'il consommeroit; cependant il est prouvé, par son propre calcul, qu'il en contiendroit autant que *Sainte Geneviève* et même plus. Il avance que le développement des murs de cette église est de 612 mètres, et que les siens n'en contiendroient que 248; mais s'il eût fait attention que son mur *circulaire* dont l'épaisseur, au reste, est déterminée au hasard, vaut deux épaisseurs et demie de ceux de *Sainte Geneviève*, il auroit trouvé 620 mètres au lieu de 248.

Quand cette erreur n'existeroit pas, l'économie *prétendue* n'en seroit pas plus réelle ni mieux prouvée. En ARCHITECTURE elle ne peut résulter, absolument, que de la *bonté* d'un plan. Si le *projet* que j'examine, n'a pas les qualités requises pour être *bon*, c'est-à-dire STABLE, il ne sauroit être économique, et l'*élévation* dérivée d'un tel *plan*, ne sauroit être convenable ni produire ce qu'on appelle en ARCHITECTURE *beauté essentielle*. Si donc, on jette les yeux sur ces *figures* 62 et 63 (pl. 25), on y verra des *soutiens* ou trop forts ou trop foibles et un entablement *tronqué*. Il faut le démontrer :

Comme une voûte quelconque doit avoir la pesanteur de la partie en *surplomb*, équivalente à celle qui correspond aux *supports* : de même, une voûte *sphérique* qui auroit pour épaisseur, à son sommet, la vingt-quatrième partie de son diamètre, et qui seroit maintenue sur sa demi-sphère, par un mur dont la hauteur seroit égale à un *sinus* de 22 d. 30, doit avoir l'épaisseur de ce même mur, égale à très-peu près, à la dixième partie de son diamètre. De même, encore, un mur égal en hauteur, à un *sinus* de 45 d. et qui maintient une semblable voûte sur sa demi-sphère, doit avoir une épaisseur approchante de la quinzième partie du diamètre.

Cela posé : le diamètre de la coupole du *plan* que j'examine, est de 165. La dixième partie de ce diamètre est de 16,5 et la quinzième de 11. Pour que des colonnes pussent porter cette coupole, il faudroit donc qu'elles eussent 11, ou 16,5, suivant l'un des deux cas. Elles paroissent avoir, ici, dix diamètres,

diamètres, et 34 de haut. L'épaisseur des murs, à leur sommet, est donc, à peu près, la cinquante-huitième partie du diamètre de la voûte; d'où résulte, évidemment, qu'ils ne pourroient la porter, sans éprouver une surcharge beaucoup trop forte et un *froissement* dangereux. La désunion des parties de la *pierre*, occasionnée, continuellement, par cette surcharge, obligeroit à des *restaurations* renouvelées sans cesse; et, comme elles ne seroient jamais qu'un *palliatif* et n'iroient pas à la source du mal, il n'en résulteroit pas moins, un peu plutôt, un peu plus tard, l'ébranlement et la *chute* de l'édifice, attendu le défaut de STABILITÉ.

Remarquons, enfin, que les colonnes de ce *dôme*, ont leur entablement *tronqué*. Sur cela, deux observations se présentent : 1.º Cet entablement est composé d'une large *frise* ornée de figures sculptées ou peintes, dont la dépense excéderoit, probablement, celle du plus riche entablement *complet*.

2.º L'ARCHITECTURE n'admet pas, dans ses *produits*, de colonnes sans entablement *complet*, quelque soit leur emploi. Si ce vice pouvoit être toléré, ce ne pourroit être que dans des édifices simples et sans prétention; mais dans des monumens du premier ordre, où l'ARCHITECTURE doit briller dans tout son éclat et se montrer dans toute sa pureté, il est nécessaire que l'entablement qui couronne l'édifice, en même tems que les colonnes, soit toujours en raison de ces dernières.

Les colonnes du *portique* dont le fardeau n'est pas STABLE, n'ayant point, à leur tour, la résistance suffisante, nécessiteroient l'emploi du *fer*, qui ne doit, jamais, être employé dans les constructions STABLES. Il faudroit, ici, le prodiguer dans des armatures d'*axe en axe*, dans un chassis posé sur le mur, et qui porteroit également, sur le sommet des colonnes.

PROJET DU PANTHÉON

Mis en parallèle avec l'église de Sainte Geneviève;

Mais, rectifié d'après le principe développé dans cet ouvrage.

FIG. 64 et 65, PL. 26.

Après avoir indiqué les vices de ce projet, et dans sa *coupe* et dans son *plan*; j'en présente, ici, la *rectification*, telle qu'elle seroit commandée par le *principe*, et en conservant rigoureusement la PENSÉE de l'*auteur*.

Le mur *circulaire* du dôme est percé d'*arcades*, dont les *supports*, auxquels sont appliqués les colonnes de *décoration*, sont égaux au *vides*. Ainsi, quelque soit la hauteur du *fardeau*, il ne peut déterminer une plus grande largeur dans les *supports*.

Les murs du dôme et de la voûte *annulaire* sont en raison de l'épaisseur de leur voûte.

Relativement à la voûte *sphérique* : son épaisseur étant égale à la vingt-quatrième partie de son diamètre, on trouvera que la partie en *surplomb* vaut 301100, cubes; lesquels étant divisés par un parallélogramme dont la base seroit égale à la circonférence de la voûte, et la hauteur A B de 45, donneroient 13,5 pour *quotient*, lequel seroit égal à A S, épaisseur du mur.

L'épaisseur de la voûte annulaire en *berceau*, étant également de la vingt-quatrième partie de son diamètre, lequel vaut 41, il résulte : qu'en divisant par B S, la moitié de la surface de la partie en *surplomb* A Q S B qui vaut 140, on a 6,3 pour l'épaisseur du mur B I.

Les colonnes de *décoration* ont 34, de haut, tout comme dans la *coupe* du projet. Les arcades comprises entr'elles, ont 15, de large et 30 de haut. Les archivoltes sont égales aux impostes et valent la huitième partie de leur diamètre. L'entablement est, presque, le quart des colonnes; car, la surface *apparente* de deux colonnes vaut 212; et, divisée par 25,33, qui est la largeur comprise entre leurs sommets extérieurs, elle est égale à 8,4.

Quant aux colonnes du *portique* : comme elles sont STABLES, leur intervalle est égal à deux diamètres du sommet. Le diamètre extérieur du monument est de 314, mesuré de l'axe des colonnes. La circonférence de ce diamètre est de 990; et, comme les colonnes ont dix diamètres et 55 de haut, les entr'axes, valent 13,75 qui, multipliés par 72, nombre de ces mêmes *entr'axes*, donnent un produit égal à la circonférence du portique.

Pour avoir la hauteur du fardeau des colonnes, on peut prendre la surface *apparente* de 36 d'entr'elles, seulement. Ainsi, la surface de 36 colonnes, considérées comme des trapèzes réguliers, égale 9972, lesquels étant divisés par 495, moitié de la circonférence, donnent 20,14 pour la hauteur du *fardeau*.

La hauteur de l'entablement vaut les deux neuvièmes de la colonne. Le grand corps de moulures vaut le sommet, et la corniche de l'attique en vaut le tiers.

Après l'exposition, la justification et l'application du *principe* développé dans cet ouvrage, il ne doit rester aucun doute, sur les causes de l'admiration, en quelque sorte *forcée*, qu'on accorde aux monumens *antiques*; et il doit être démontré, que leurs auteurs n'auroient jamais atteints la *perfection* qu'on reconnoît dans ces ouvrages, s'ils n'avoient eu la connoissance de ce même *principe* et s'ils ne l'avoient rigoureusement observé.

Mais, alors, que faudra-t-il penser de toutes les productions de ces divers genres d'architecture, connus sous le nom de *mauresque*, *gothique*, *chinoise*, *indienne*, *turque*, *italienne* même, et autres encore; où l'artifice a remplacé la science veritable? ou les *puissances* de l'édifice, opérans par des moyens extraordinaires et cachés, se trouvent en contradiction perpétuelle avec l'ordre de la nature? et qui n'ont, enfin, aucun modèle parmi les monumens *grecs* et *romains*? Sans doute, ils ne seront plus à nos yeux dessillés, que d'ingénieux tours de force, enfans d'une imagination brillante, mais déréglée! Le prestige qui sut élever de telles *masses* et les soutient encore, peut et doit étonner, sans doute; mais, il n'en atteste pas moins l'absence du *principe* générateur, et le défaut des connoissance relatives, soit chez les architectes eux-mêmes, soit chez les nations qui firent ériger ces édifices. (*Note de l'éditeur.*)

FIN DE LA TROISIÈME ET DERNIÈRE PARTIE.

TABLE DES MATIERES,

DES FIGURES ET DES PLANCHES,

TROISIEME PARTIE.

FIN DE LA TABLE DES MATIÈRES.

THÉORIE

DE

L'ARCHITECTURE

GRECQUE ET ROMAINE,

Déduite de l'Analise

DES

MONUMENS ANTIQUES.

ERRATA.

Page 1, ligne 7, ils s'accordent à dire que la *beauté* : LISEZ, ils ne s'accordent que sur ce point, savoir : que la *beauté*.

1, 29, *cottes* : LISEZ, *cotes*.

3, 9, *l'art de tracer* et de *lever* des projets : LISEZ, et de *laver* des projets.

4, 12, voir la qu'en *dessinateur* : LISEZ, la voir qu'en *dessinateur*.

5, 9, *lus ouvrages* : LISEZ, *les ouvrages*.

5, 23, l'obscurité : LISEZ, l'ambiguité.

9, 22, duquel il ne peut : LISEZ, duquel *acte* il ne peut.

9, 29, pour l'ART considéré : LISEZ, mais, pour l'ART considéré.

9, 31, opérant à la fois : LISEZ, opérans à la fois.

10, 20, *l'écrivain* : LISEZ, jamais l'*écrivain*.

11, 28, mais, je prie : LISEZ, je prie.

11, 31, car, avant tout, il faut s'entendre : LISEZ, tâchons de l'éclaircir.

12, 9, nécessairement inconnu : LISEZ, nécessairement encore inconnu.

12, 16, mais, il est raisonnable et vrai de dire : que pour échapper : LISEZ, mais, pour échapper.

14, 16, ont le sentiment : LISEZ, ont, néanmoins, le sentiment.

14, 35, un *plan* n'a, d'ailleurs besoin : LISEZ, n'a donc besoin.

15, 15, sous ce rapport : LISEZ, sous ce point de vue.

15, 33, excusée par la paresse que l'esprit montre : LISEZ, autorisée par la paresse de l'esprit.

15, 16, mais, comme il est prouvé qu'il n'en est rien; comme l'architecte ne sauroit : LISEZ, mais, comme l'AR-CHITECTE se borne à diriger, sans pratiquer, ainsi que fait l'artiste; comme il ne sauroit.

15, 23, la distincion : LISEZ, la distinction.

20, 26, m'ont convaincus : LISEZ, m'ont convaincu.

Après la page 38, au lieu du folio 36 : LISEZ, 39.

AVIS AU RELIEUR.

Les planches devront être placées dans l'ordre suivant :

Le titre *gravé* portant le n.° 1, imm 'diatement après le *faux-titre*.

Le titre imprimé, après le discours préliminaire et en tête de la première partie.

A la fin de la première partie, les dix planches numérotées de 2 à 11.

A la fin de la deuxième, les dix planches numérotées de 12 à 21.

A la fin de la troisième, les cinq planches numérotées de 22 à 26.

Enfin, la table sera le dernier feuillet du volume.

Cet ouvrage se trouve à Paris, chez

BANCE aîné, marchand d'estampes, rue St. Denis, près la rue aux Ours.

Au Bureau des Annales du Musée, quai Bonaparte, n.° 1.

COCHERIS fils, libraire, successeur de CH. POUGENS, quai Voltaire, n.° 17.

LAMY, libraire, quai des Augustins, près la rue de Hurepoix.

Et chez les principaux Libraires et marchands d'Estampes.

PRIX : 30 FRANCS, EN FEUILLE, ET 37 FR. CARTONNÉ, DEMI-RELIURE.

Nota. Il y a quelques exemplaires sur papier *vélin*.

Proportion Corinthienne.
dernier terme en Diamètre
Stabilité simple.

en Architecture, rien n'est Beau que ce qui est Bon, et rien n'est Bon que ce qui est STABLE.

Type radical des Voutes seculaires.

Type des frontispieces.

Fardeau.
Support.
Stabilité composée.

en Architecture, lorsque le Principe est absent, les produits sont constamment ruineux, et défectueux.

Type radical des Voutes plates.

Tour de Babel.

THÉORIE
DE
L'ARCHITECTURE
GRECQUE ET ROMAINE,
déduite de l'Analise
DES
MONUMENS ANTIQUES.
Ouvrage

dans lequel on démontre que leurs proportions et la beauté essentielle qui en résulte, ne sont point arbitraires ; mais, dérivent d'un principe immuable, dont l'application n'a pas été faite à l'Architecture qu'on appelle moderne.

Par Louis LEBRUN, de Douay,

Architecte ancien élève de l'école de Peinture ; de celle Polytechnique et dessinateur de l'expédition du Capitaine Baudin.

AVEC

des Planches et un Discours préliminaire par Fr. Et. JOUBERT, graveur, membre de l'ATHÉNÉE des Arts.

On ne doit pardonner qu'à ceux qui ignorent combien l'architecture demande de recherches profondes, de repasser les ordres de Vignole et autres Architectes comme par faits........DAVID LEROY, ruines de la Grèce.

Publié à Paris,
l'An 1807.

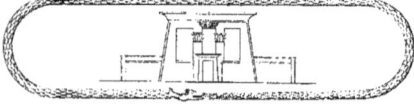

Chez Joubert, graveur, Rue de Grenelle, faub. St Germain, N.° 47 près la Fontaine.

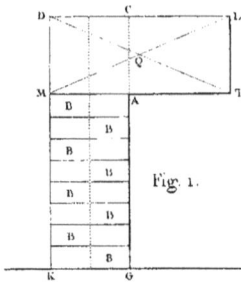

Fig. 1.

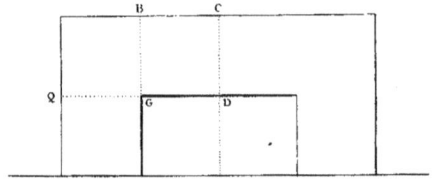

Fig. 2.

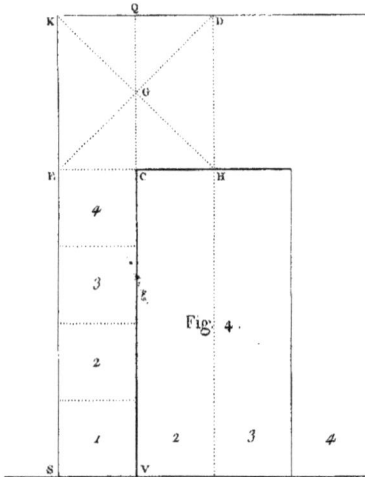

Fig. 4.

Type radical des Voutes plates.

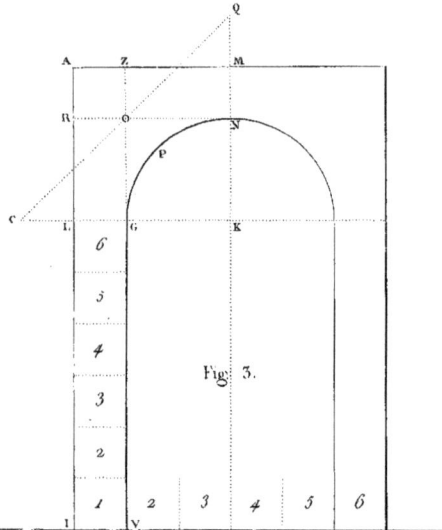

Fig. 3.

Type radical des Voutes circulaires.

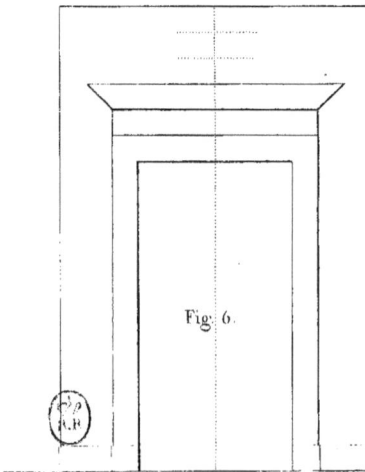

Fig. 6.

PORTE ENGENDRÉE
du Type radical des Voutes plates.

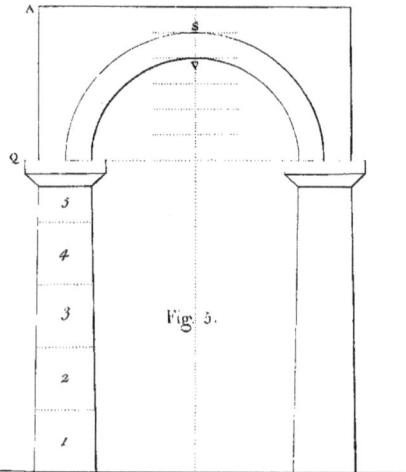

Fig. 5.

PORTE ENGENDRÉE
du Type radical des Voutes circulaires.

Tracé par Lebrun.

Fig. 7.

Type de Frontispice de quatre supports, d'autant de diamètres.

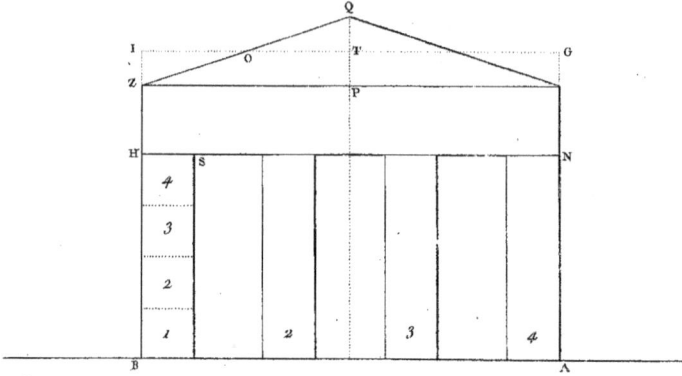

Fig. 8.

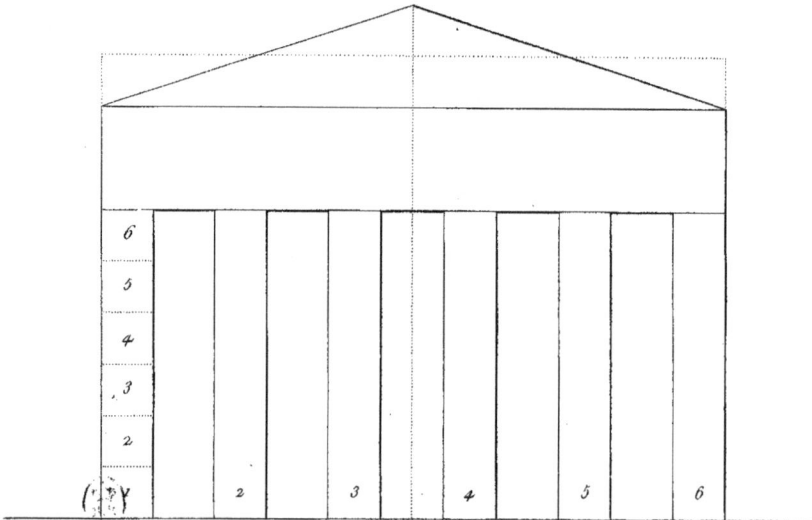

Type de Frontispice de six supports, d'autant de diamètres.

Tracé par Lebrun

Fig. 9.

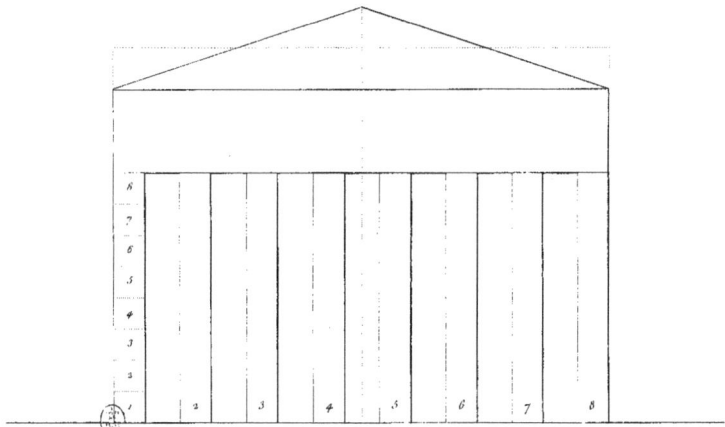

Type de Frontispice de huit supports d'autant de diamètres.

Tracé par Lebrun

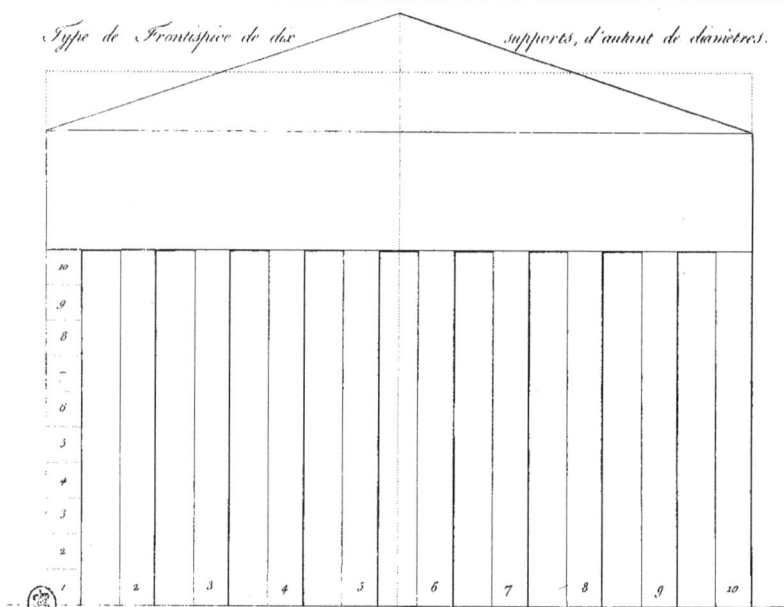

Type de Frontispice de dix   supports, d'autant de diamètres.

Figure 10.

FRONTISPICE ENGENDRÉ

du Type de quatre supports, d'autant de diamètres. Figure 7.

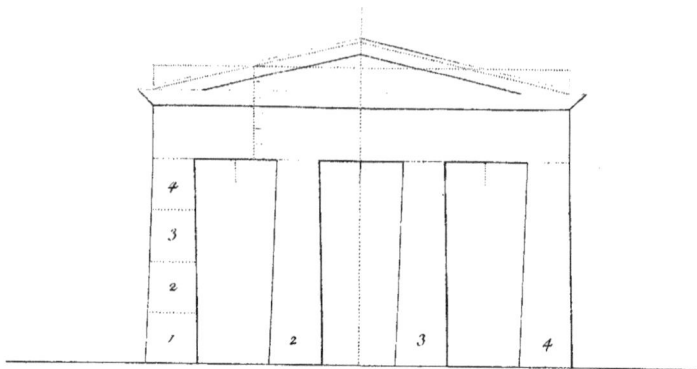

Fig. 11.

Fig. 12.

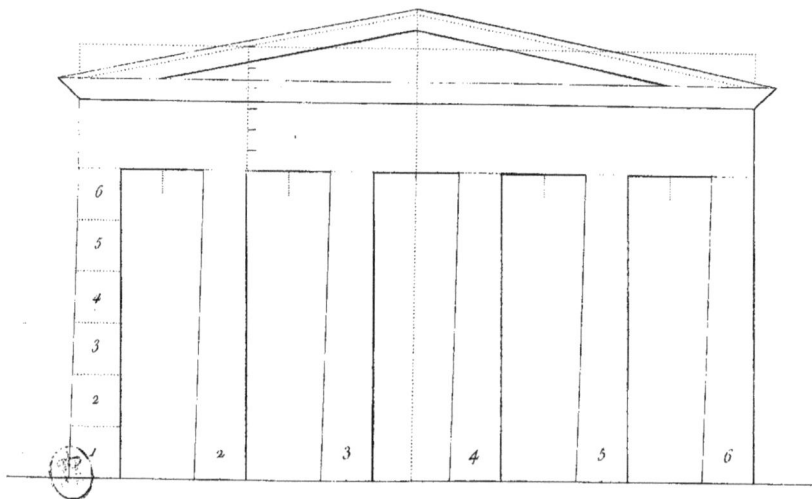

FRONTISPICE ENGENDRÉ

du Type de six supports, d'autant de diamètres. Figure 12.

Fig. 13.

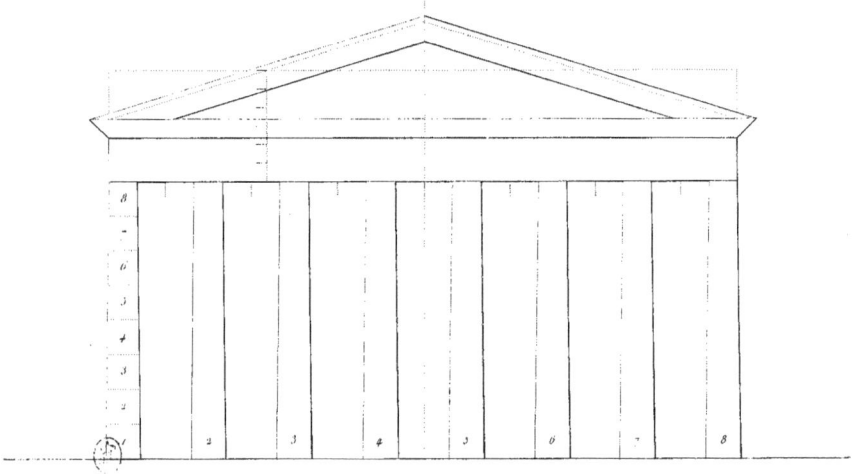

FRONTISPICE ENGENDRÉ

du Type de huit supports, d'autant de Diamètres. Figure 9.

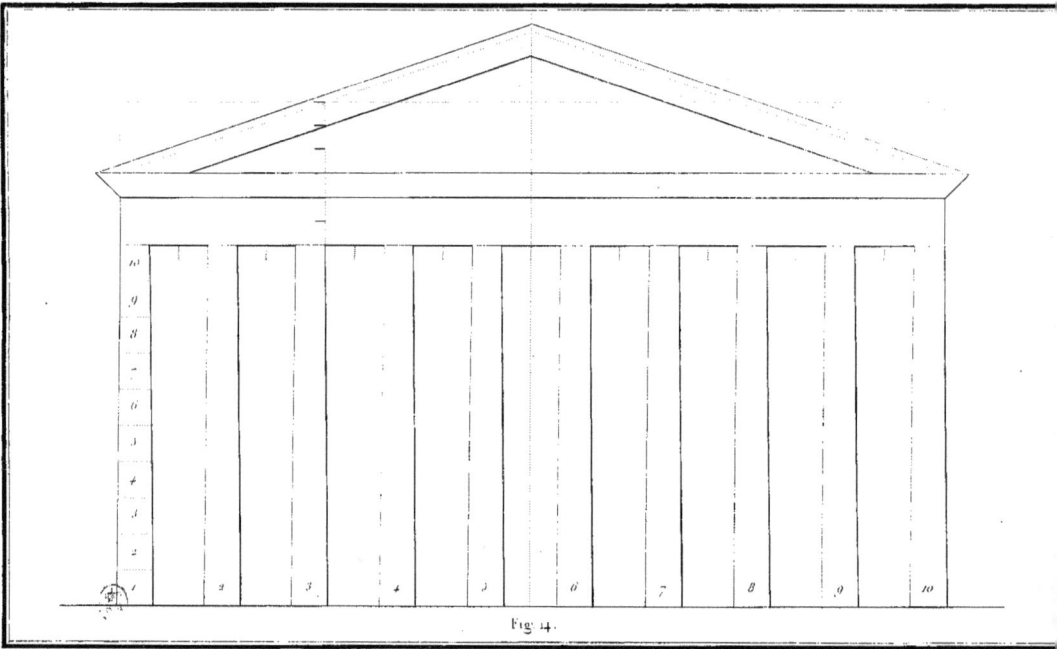

Fig. 14.

FRONTISPICE ENGENDRÉ.
du Type de Six supports d'autant de diamètres. Figure 10.
1.ere Partie. Planche 8.

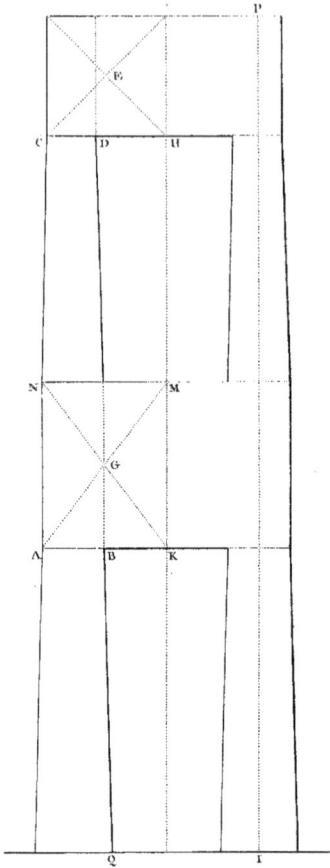

Fig. 15.

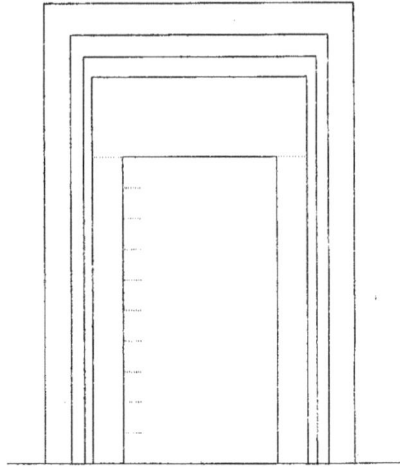

Fig. 17.

Fig. 18.

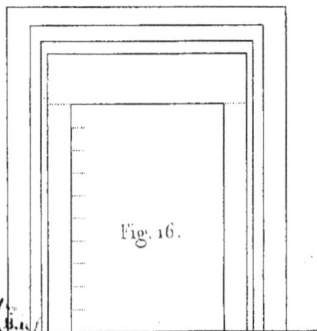

Fig. 16.

Fig. 19.

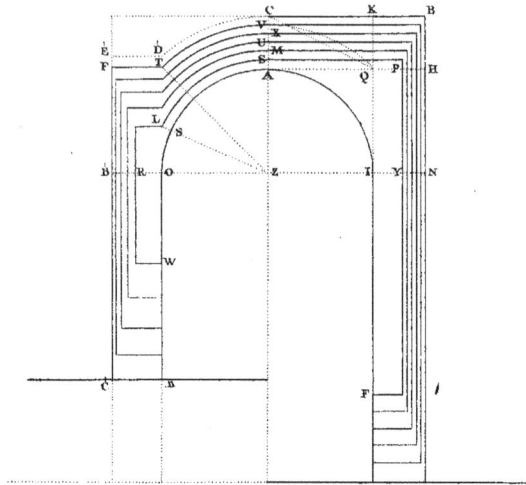

Fig. 20.

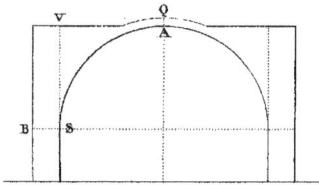

Fig. 21.

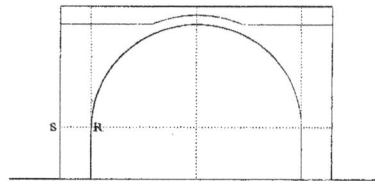

Fig. 22.

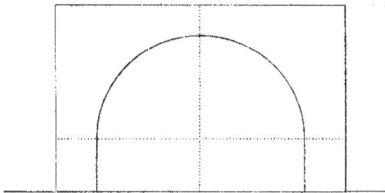

Fig. 23.

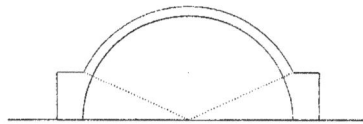

Fig. 24.

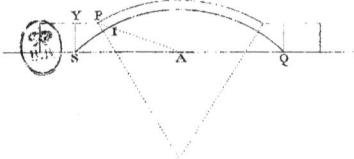

Fig. 25.

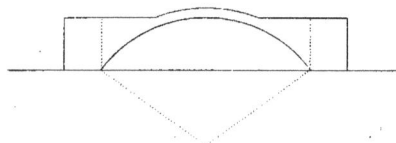

Fig. 26.

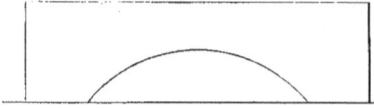

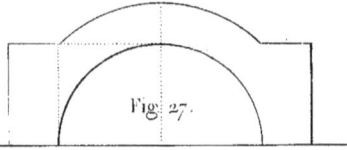

Fig. 27.

Fig. 30.

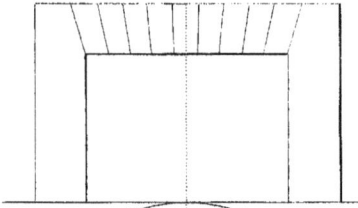

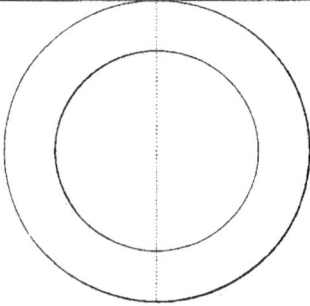

Fig. 29.

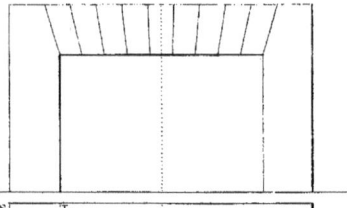

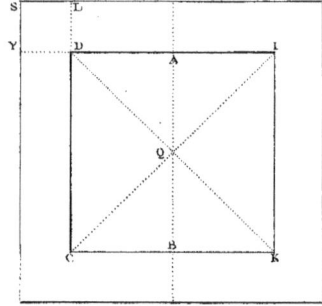

Fig. 28.

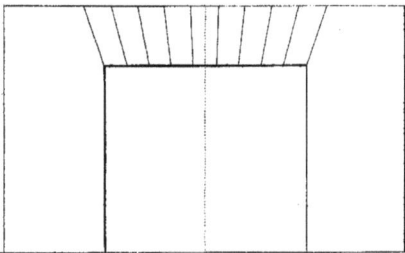

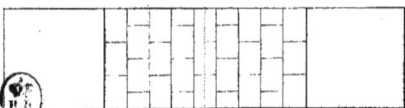

Fig. 31.

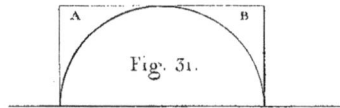

Fig. 32.

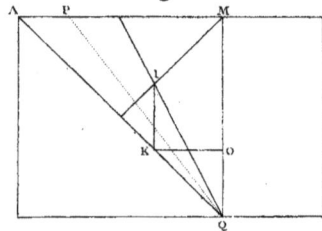

1.ᵉ Partie. Planche 11.

Architecture Égyptienne.

Temple situé à Essenay

Figure 53.

2.e Partie   planche 12.

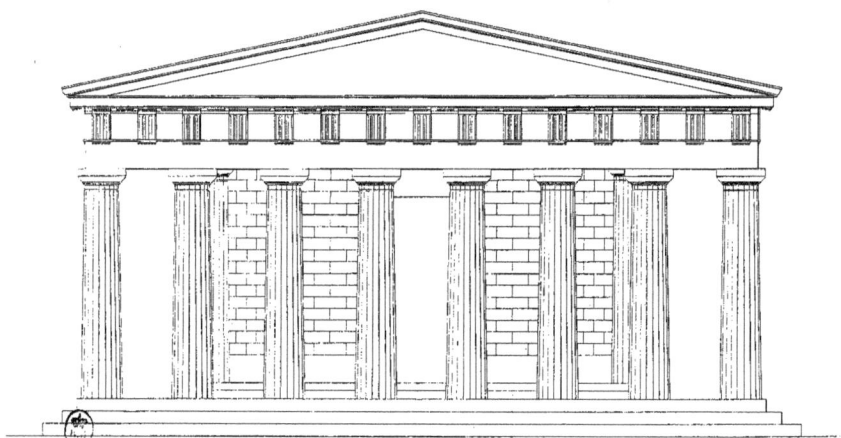

Architecture Grecque.

Temple Dorique, dédié à Minerve à Athènes.

Le Parthénon où le Temple de la Vierge, fut érigé à Athènes par Ictinus et Callicrate, sous le règne de Périclès. Il forme un parallélograme
par son plan. Il avoit 221 pieds de long et 91 pieds 10 pouces de large, au rapport de Spon, célèbre antiquaire, il étoit encore entier en 1676.

Figure 34. 2.e partie Planche 13.

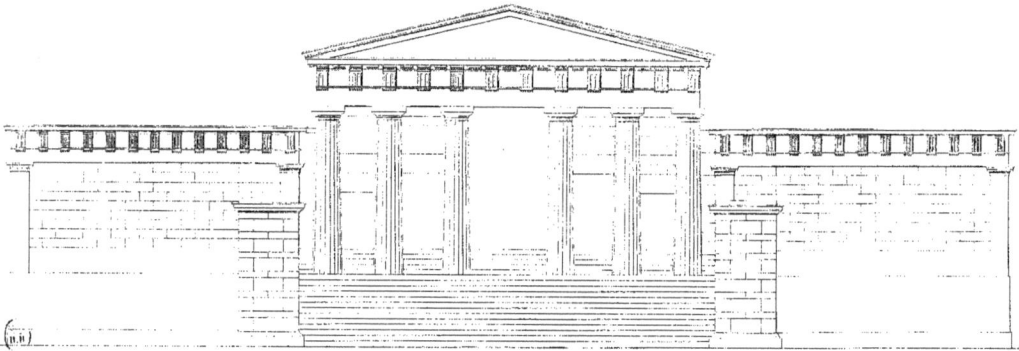

Architecture Grecque.

Les Propylées à Athènes.

Construits par Mnésiclès, la 4e année de la LXXXV Olympiade,
se servent de Vestibule au Temple d'Erecthée.

Figure 35. 1re Partie. Planche 14.

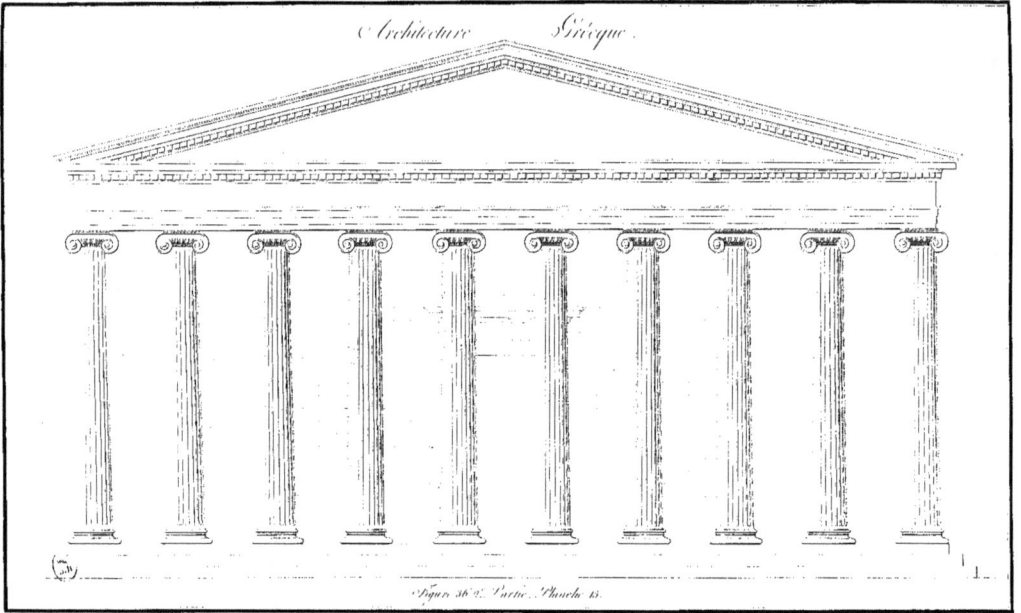

Architecture Grecque.

Figure 36. 2.º Partie. Planche 15.

Temple d'Apollon Didyme, à Milet.

Architecture Grecque.

Figure 37. Temple à Corinthe.

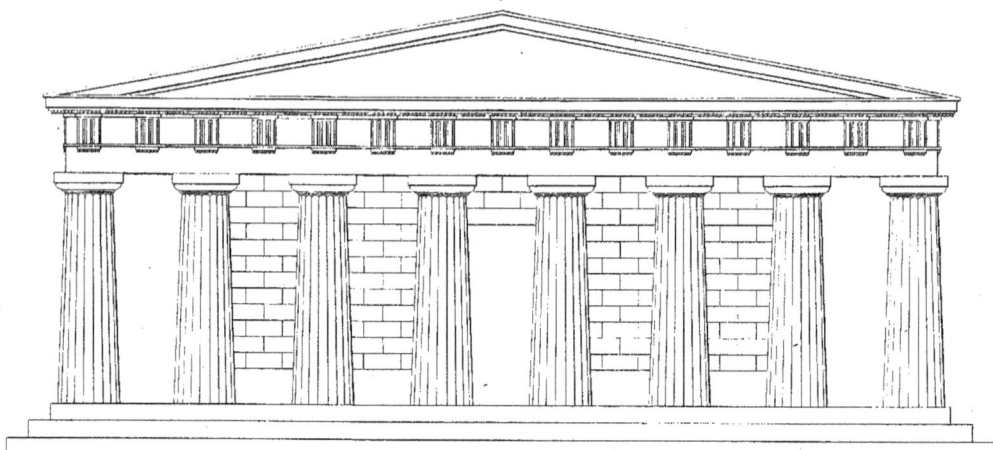

Ce Temple est un des Monumens de la Grèce qui mérite le plus d'attention. Ses Colonnes sont les plus courtes que l'on connoisse, elles n'ont pas quatre diamètres de haut; caractère qui annonce la plus haute antiquité. L'échine ou quart de rond du Chapiteau est beaucoup plus arrondi que dans les autres monumens de ce genre.

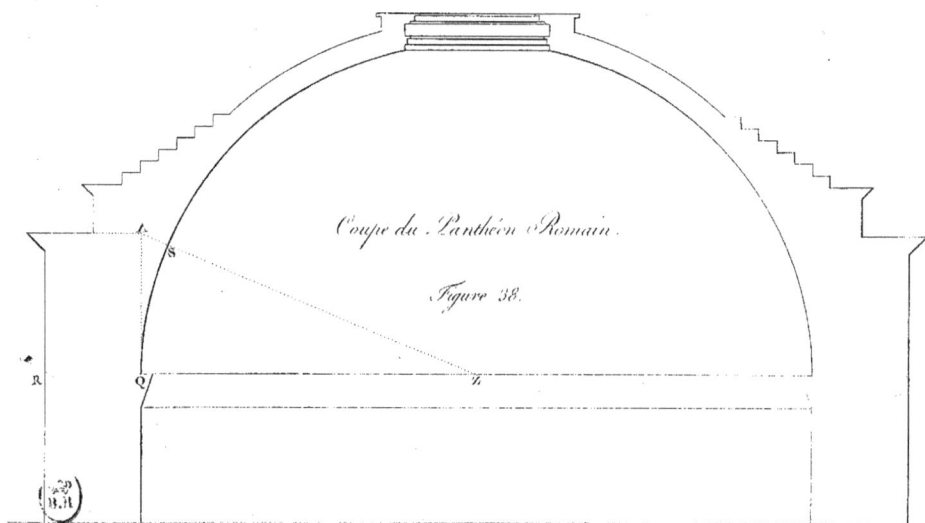

Coupe du Panthéon Romain.

Figure 38.

Architecture Romaine.

Architecture Romaine.

Figure 39. Temple d'Antonin et Faustine.

Figure 40.

Porte des Orfèvres, à Rome.

Figure 41. Porte des Orfèvres
rectifiée par M. Lebrun d'après le
principe développé dans son ouvrage

Figure 42. Arc de Triomphe d'après des Médailles.

Temple de Jupiter   Tonnant, à Rome.

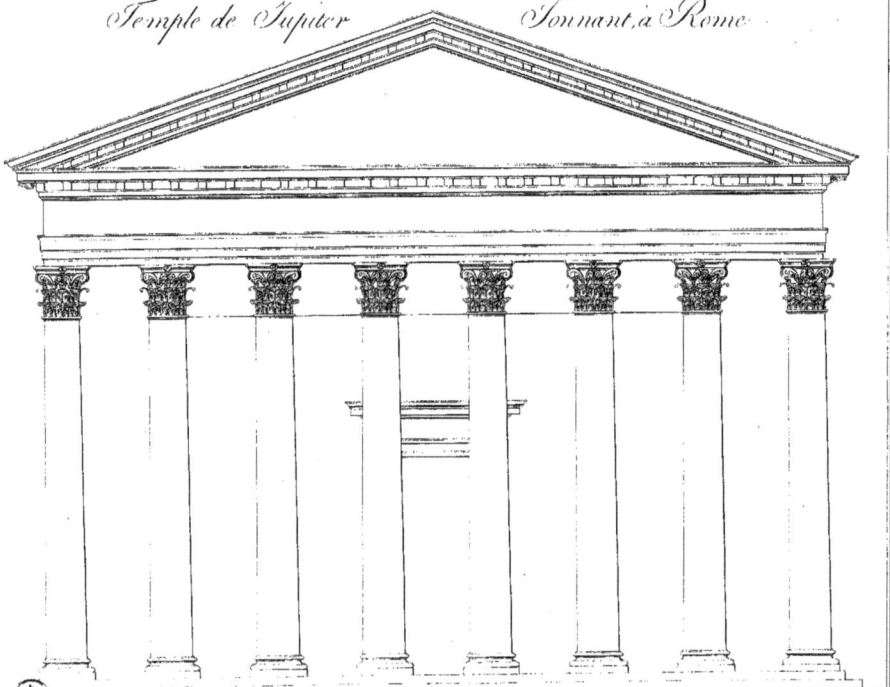

Figure 43.

Tracé par Lebrun.

Architecture Romaine.

Figure 44. Arc de Triomphe de Constantin.

Figure 43. Arc de Triomphe de Constantin, rectifié par Mr. Lebrun, d'après le principe développé dans son ouvrage.

Tracé par Leb.

Architecture Romaine.

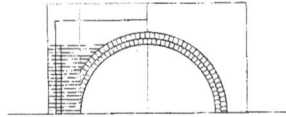

Figure 4.

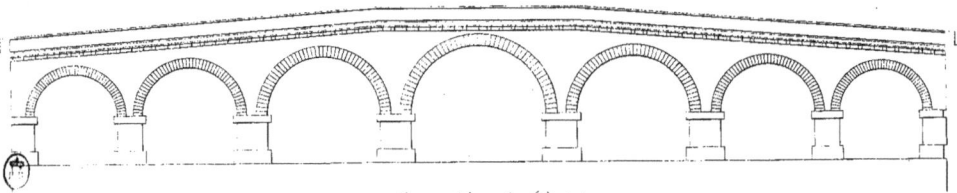

Figure 6. Pont de Rimini.

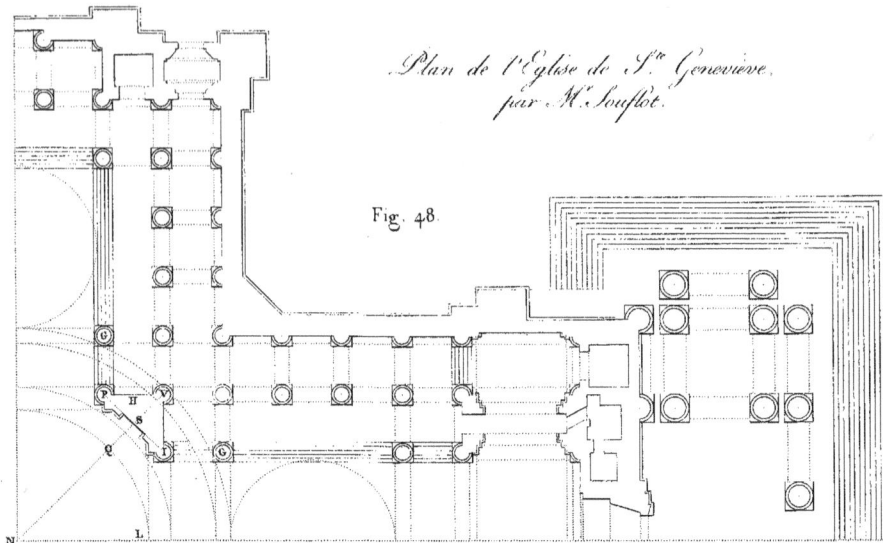

Plan de l'Eglise de S.te Geneviève,
par M.r Souflot.

Fig. 48.

N   L.

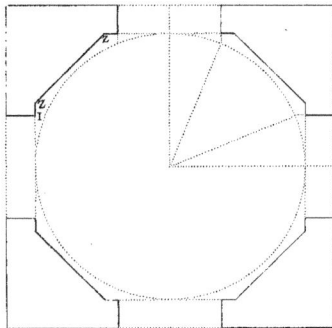

Fig. 49.

Fig. 57.

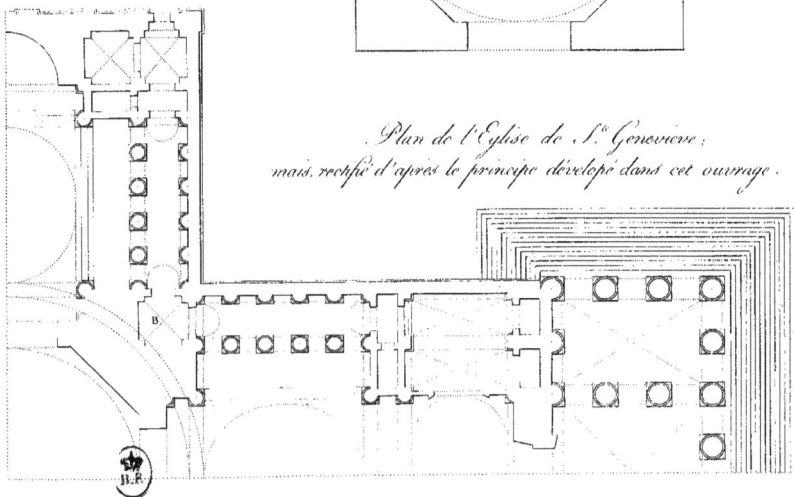

Plan de l'Eglise de S.t Geneviève;
mais, rectifié d'après le principe dévelopé dans cet ouvrage.

Tracé par Lebrun.

Fig. 54.

Projet
de M.ʳ Gisors.

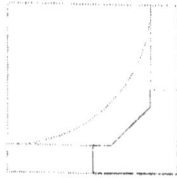

Fig. 51.

Projet
de M.ʳ Lagardette.

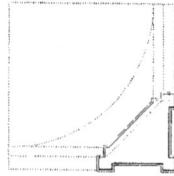

Projet de M.ʳ Viel.

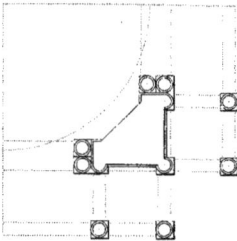

Fig. 52.

Projet de M.ʳ Antoine.

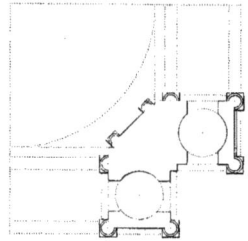

Fig. 50.

Fig. 57.

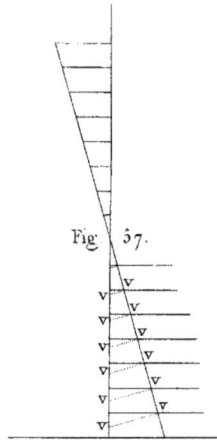

Projet de M.ʳ Brognart.

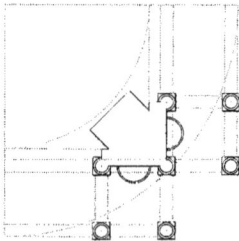

Fig. 55.

Projet de M.ʳ Labarre.

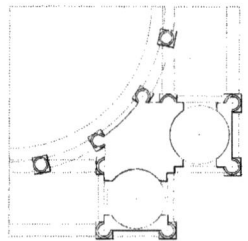

Fig. 53.

Fig. 56.

Projet de M.ʳ Lebrun,
fondamental développé

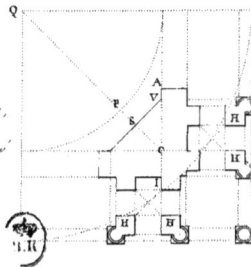

conforme au principe
dans cet ouvrage.

Tracé par Lebrun.

Fig. 60.

Elevation
de Sainte
telle qu'elle a
d'après le projet

de l'Eglise
Geneviève,
été construite
de M.r Souflot

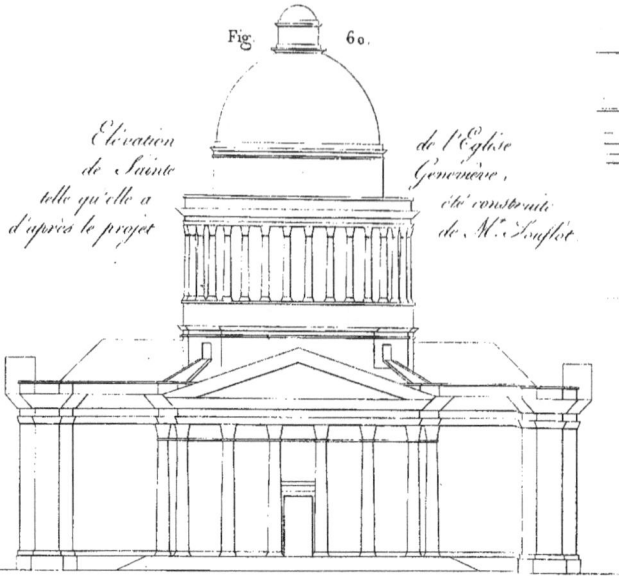

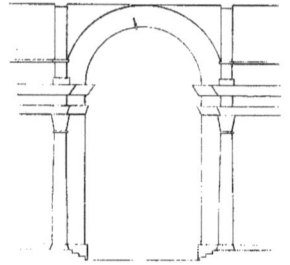

Fig. 59.

Fig. 61.

Elévation de l'Eglise
résultante du plan de
c'est à dire soumis au
développé dans cet
en conservant
la pensée

de Sainte Geneviève,
M.r Souflot, mais, rectifié
principe fondamental
ouvrage et, néanmoins,
rigoureusement
de l'auteur.

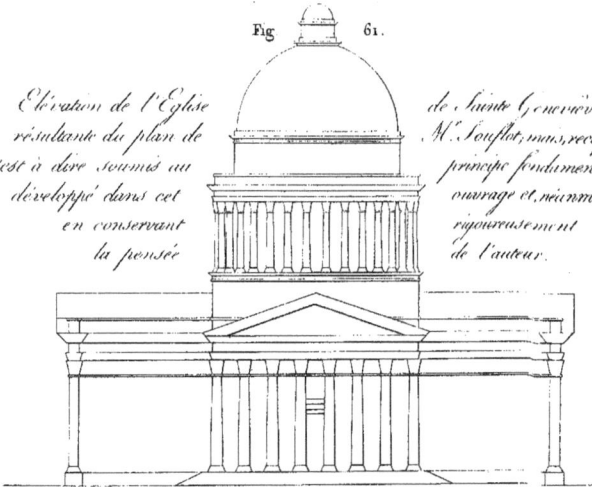

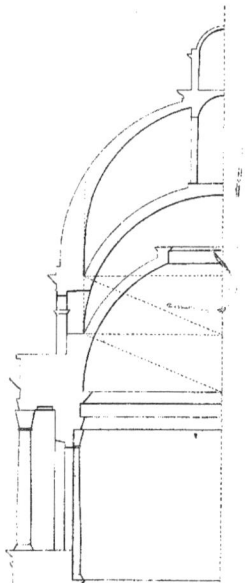

Fig. 58.
Coupe.

Tracé par Lebrun

3.e Partie   Planche 24

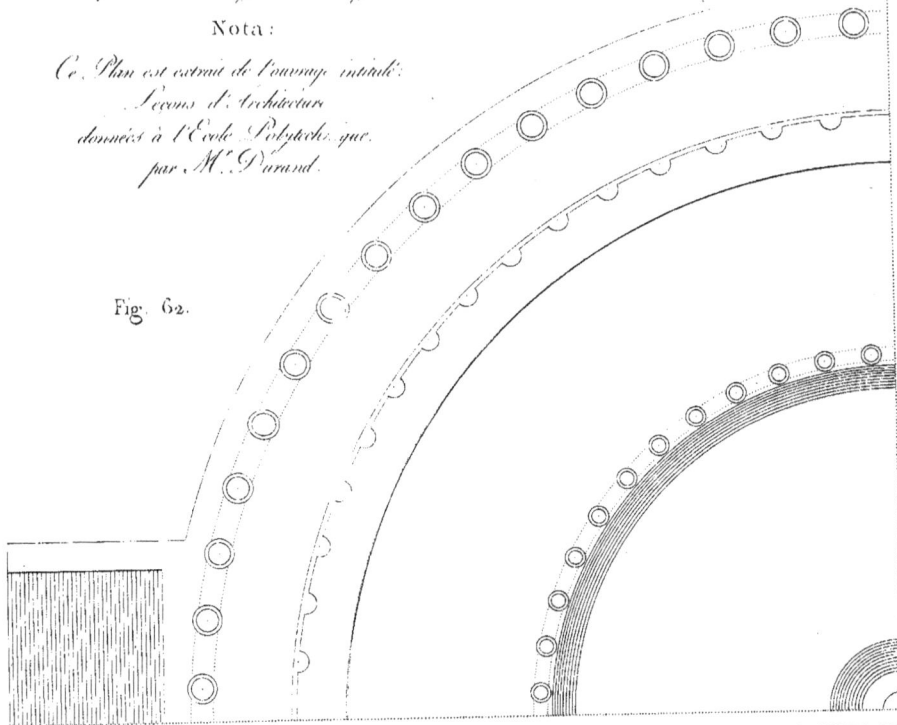

Plan d'un projet de Panthéon
mis en parallèle avec l'Église de S.te Geneviève.

Nota :

Ce Plan est extrait de l'ouvrage intitulé :
Leçons d'Architecture
données à l'École Polytechnique
par M.r Durand.

Fig. 62.

Fig. 63. Coupe.

Tracé par Lebrun

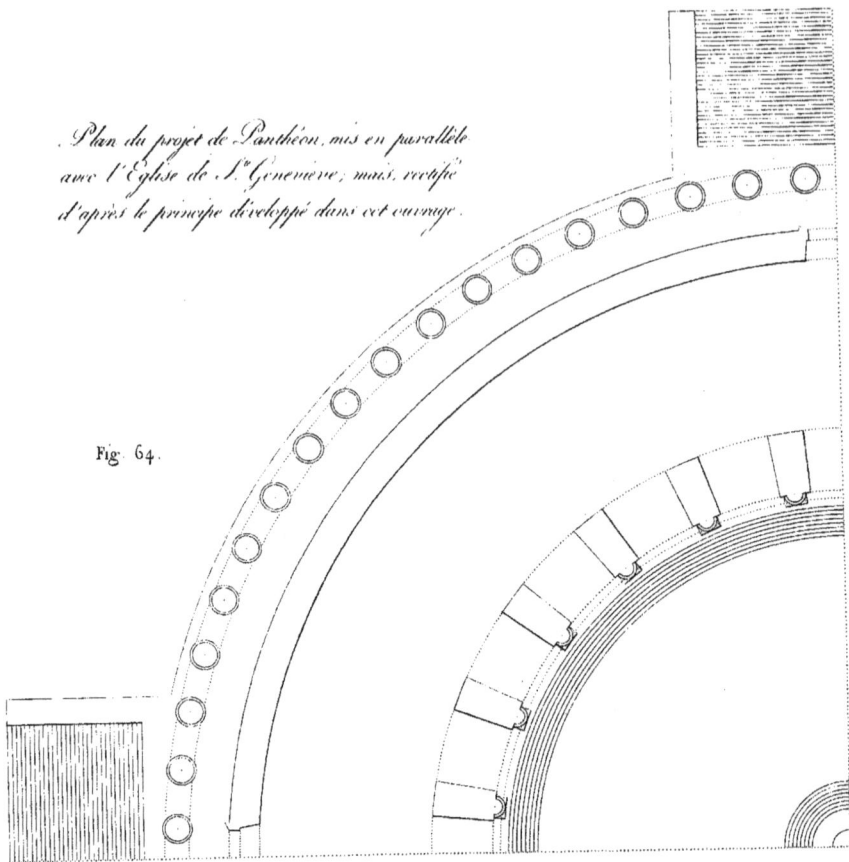

Plan du projet de Panthéon, mis en parallèle
avec l'Église de S.te Geneviève; mais, rectifié
d'après le principe développé dans cet ouvrage.

Fig. 64.

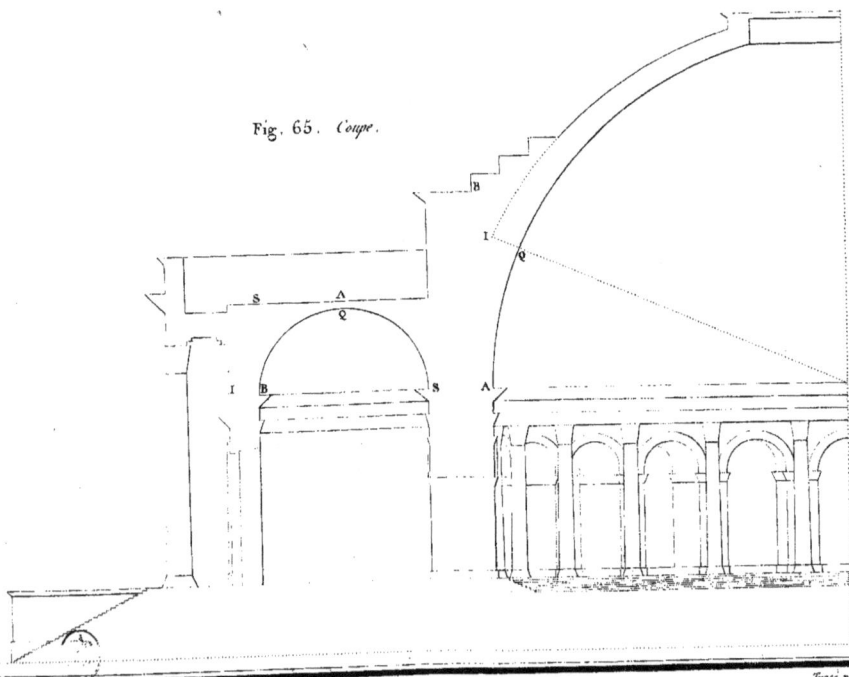

Fig. 65. Coupe.

Tracé par Lebrun.

www.ingramcontent.com/pod-product-compliance
Lightning Source LLC
Chambersburg PA
CBHW051741090426
42738CB00010B/2359